Michael Jordan

Zum Buch:

Michael »Air« Jordan hat Basketball-Geschichte geschrieben. Er gehört nicht von ungefähr zum amerikanischen Dream Team. Wenn der Star der Chicago Bulls zur Höchstform aufläuft, degradiert er seine Gegner zu hilflosen Zuschauern. Er ist die Punktemaschine der Bulls. Das Herz. Der Leitwolf. »His Airness«, wie er oft ehrfurchtsvoll genannt wird, kann fast aus jeder Position punkten, und das macht ihn für die Mannschaft so unverzichtbar.

Mit seinem furiosen Comeback hat er bewiesen, daß er immer noch zu den ganz Großen der NBA gehört. Trotz seiner 35 Jahre ist er einer der Top-Scorer der Liga und damit einer der besten Spieler aller Zeiten.

Paul Collins hat den sympathischen Sportler beobachtet. Er erzählt alle wichtigen Facts über den Bulls-Star. Mit vielen tollen Fotos.

Zum Autor:

Der Journalist und freie Autor Paul Collins kennt sich in der amerikanischen Basketball-Szene bestens aus. Er hat bereits zahlreiche Sachbücher zu verschiedenen Themen geschrieben.

Paul Collins

Michael Jordan

Der Star aus dem Dream Team

Econ & List Taschenbuch Verlag

Bildnachweis:
dpa/Zentralbild (7)
Sportimage (3)

Veröffentlicht im Econ & List Taschenbuch Verlag

Der Econ & List Taschenbuch Verlag
ist ein Unternehmen der Econ & List Verlagsgesellschaft

Originalausgabe

Umschlagkonzept: Büro Meyer & Schmidt, München – Jorge Schmidt
Umschlagrealisation: Init GmbH, Bielefeld
Titelabbildung: Sportimage, Hamburg
Gesetzt aus der Baskerville, Linotype
Satz: Josefine Urban – KompetenzCenter, Düsseldorf
Druck und Bindearbeiten: Ebner Ulm
Printed in Germany
ISBN 3-612-26528-8

Inhalt

Vorwort

Die Saison 1997/98 soll die letzte Profi-Basketball-Saison von Michael »Air« Jordan sein. Und anders als vor einigen Jahren, als er schon einmal Abschied von der amerikanischen Profi-Liga NBA nahm und dann doch wieder aufs Parkett zurückkehrte, scheint sein Entschluß diesmal unumkehrbar. Damit verliert die Sportwelt einen außergewöhnlichen Athleten, einen ihrer größten Stars und eine charismatische Figur, die es fast immer verstand, den Millionen Fans in aller Welt trotz des großen Medienrummels Willensstärke, Charakter und soziales Engagement vorzuleben.

Michael Jordan geht, und er läßt eine Sportart zurück, die gerade auch dank seiner Auftritte in aller Welt so populär und erfolgreich geworden ist. Dieses Buch soll seine Geschichte erzählen – und gleichzeitig die Geschichte jenes Sports, der aus dem ehrgeizigen Teenager Michael Jeffrey Jordan den größten Star gemacht hat, den die US-Basketball-Szene bisher hervorbrachte.

Michael Jordans Jugend

Geboren in Brooklyn, jenem nicht allzu repräsentativen Stadtteil der Millionenmetropole New York – das paßt prima in die Biographie eines Sportlers, der sich mit seinem Talent und seiner Durchsetzungskraft vom Nobody zum Superstar emporgekämpft hat. In diesem Zusammenhang werden eben nun einmal gerne Geschichten wie die vom Tellerwäscher erzählt, der zum Multimillionär wird.

Und es stimmt ja auch, daß Michael Jordan am 17. Februar 1963 in Brooklyn geboren wurde – nur wuchs er dort nicht auf. Seine Eltern umsorgten den kleinen Michael zunächst an ihrem damaligen Wohnort Wallace, später zogen sie in die Gegend des nahegelegenen Küstenstädtchens Wilmington im US-Bundesstaat North Carolina. Hier verbrachte Michael den Großteil seiner Jugend. Er besuchte die Emsley A. Laney High-School in Wilmington, und auch sonst hatten seine damaligen Lebensumstände angenehm wenig mit denen vieler Altersgenossen zu tun, die in den Ghettos der Großstädte aufwachsen mußten. Vater James Jordan und Mutter Deloris waren beruflich erfolgreich, und mit jeder Beförderung fiel es ihnen leichter, Michael und seine Geschwister ohne finanzielle Sorgen großzuziehen. Doch auch Geldmangel hätte die Jordans wohl nicht daran gehindert, einem befreundeten Taxifahrer zu helfen, dem es nach seiner Scheidung nicht gelang, Beruf und die Erziehung seines Sohnes Bridgers unter einen Hut zu bekommen. Also nahm die Familie den Jungen bei sich auf – sozusagen als inoffiziellen Adoptivsohn. Michael und Bridgers wurden dicke Freunde und waren als beinahe unzertrennliche »Brüder« eine Zeitlang das Gesprächsthema in der Gegend – denn Bridgers war Weißer, und das Zusammenleben von Menschen unterschiedlicher Hautfarbe war damals in vielen Gegenden der Vereinigten Staaten noch längst nicht so selbstverständlich, wie es hätte sein sollen. Die beiden Jungen kümmerte das Gerede wenig.

Schon bald entpuppte sich Michael als ziemlich sportlicher Bursche. Er interessierte sich vor allem für zwei Sportarten:

- Basketball bot sich als ideale Freizeitbeschäftigung an, der man ohne großen Aufwand in unmittelbarer Nähe des eigenen Zuhauses nachgehen konnte. Ein Korb war schnell ans Garagentor geschraubt, und mehr als einen Gegner (meist Michaels Bruder Larry) brauchte man für ein spannendes Spielchen nicht;

- Baseball war schon damals der Nationalsport der Amerikaner – es gab Fernsehübertragungen, er war ein beliebtes Gesprächsthema unter Jugendlichen, und nicht zuletzt bot es den beteiligten Spielern die Möglichkeit, durch hervorragende Leistungen auf dem Spielfeld das Interesse des anderen Geschlechts zu wecken.

Bridgers war Spieler der örtlichen Baseball-Mannschaft, und auch Michael ging bald brav zum Training, schwang die Keule, rannte von Base zu Base und versuchte, wenn es besonders gut lief, auch einmal einen Homerun. Nebenbei spielte er sich an seiner High-School ins Basketball-Auswahlteam und zeigte auch dort einiges Talent. Fred Lynch, der Trainer jener Schulmannschaft, war allerdings nicht sonderlich begeistert von ihm: Seiner Meinung nach trainierte der Junge zu wenig, ließ meistens das nötige Engagement vermissen. Schließlich verlor Fred Lynch die Geduld mit seinem faulen Schützling: Er warf Michael kurzerhand aus dem Team, weil er angeblich nicht gut genug für die Schulmannschaft sei.

16 Jahre alt war Michael Jordan damals, und vom Talent her hätte er locker mit den besten seiner Altersstufe mithalten können. Doch anstatt sich in den Übungseinheiten anzustrengen, riskierte der schlaksige Junge lieber eine dikke Lippe, setzte auf kesse Sprüche – und manch einer dürfte ihn damals in Wilmington für ein rechtes Großmaul gehalten haben. Der Schock, nicht mehr zur Basketball-Mannschaft seiner Schule zu gehören, setzte in dem 16jährigen allerdings ungeahnte Kräfte frei, und damals zeigte sich zum ersten Mal jener Michael Jordan, wie ihn Millionen Fans in aller Welt heute lieben: als ein Mann, der sich ein Ziel steckt und dieses mit enormer Willenskraft und beeindruckender Ausdauer verfolgt.

Damals wollte er Fred Lynch vermutlich beweisen, daß dieser mit seiner Einschätzung völlig falsch lag – und genau das war es wahrscheinlich auch, was der Trainer damals hatte erreichen wollen. Jedenfalls stellte Michael seinen Traum von einer Baseball-Karriere zunächst einmal zurück und stürzte sich mit unbändigem Eifer ins Basketball-Training. Lynch, noch immer recht skeptisch, ließ ihn erst eher widerwillig mittrainieren, beobachtete dann aber mit stiller Freude die enormen Fortschritte, die sein einstiges Sorgenkind machte. Wenig später durfte Michael Jordan zunächst im Ersatzteam der Schule mitdribbeln, und schließlich zählte er zu den wichtigen Aktivposten der Schulmannschaft. Er schien auch begriffen zu haben, daß der vorübergehende Rauswurf durchaus gerechtfertigt gewesen war.

Dem Verhältnis der beiden untereinander hat der Vorfall jedenfalls nicht geschadet. Jordan und Lynch veranstalteten in späteren Jahren gemeinsam Trainingscamps für Jugendliche.

Doch bleiben wir bei Michael Jordans Jugend. In zahlreichen Trainingseinheiten und in den Spielen gegen andere High-School-Teams perfektionierte er seine Fähigkeiten auf dem Parkett immer mehr. Und wenn einmal kein Training stattfand, war Michael oft auf der Straße vor dem Elternhaus zu finden, wo er ein kleines Spielchen gegen einen der Jugendlichen aus der Nachbarschaft unternahm – übrigens war er schon damals ungemein ehrgeizig, und gelegentlich soll er sich sogar mit einem seiner Gegenspieler gebalgt haben, wenn das Spiel nicht ganz seinen Vorstellungen entsprechend ablief.

1981 wurde Michael Jordan schließlich in eine Mannschaft berufen, in der die besten Spieler aller High-Schools der Umgebung in Pittsburgh, Pennsylvania, zu einem Turnier antraten. Dort saßen auch Talentsucher der einzelnen College-Teams im Publikum, und Michael machte sich natürlich Hoffnungen, ihnen so positiv aufzufallen, daß ihm jemand ein Sportstipendium an einer der größeren Universitäten anbieten würde. Obwohl er ein gutes Spiel zeigte, blieben die erhofften Angebote aus. Doch er ließ nicht locker; er bewarb sich an mehreren Colleges, las zunehmend frustriert die daraufhin eintreffenden Absagen – und schließlich ergatterte er doch noch ein Stipendium: an der University of North Carolina (UNC) im Städtchen Chapell Hill. Das Einleben in Chapell Hill wurde ihm ziemlich leicht gemacht: Seine Schwester Roslyn studierte dort ebenfalls, und sein Freund und Sportskamerad Buzz Peterson schrieb sich gemeinsam mit Jordan an der UNC ein.

Profi-Basketball in den USA

Die National Basketball Association (NBA), von der natürlich auch der junge Michael Jordan träumte, gilt heute als beste Basketball-Liga der Welt – und im Hinblick auf ihren kommerziellen Erfolg kann es die NBA ohnehin mit allen Ligen, gleich welcher Sportart, aufnehmen. Nicht gerade Millionen, aber doch stattliche Dollarbeträge wollten die Gründerväter der NBA mit ihrer Erfindung scheffeln. Damals, im Jahre 1946, gab es zwar schon überall Basketballvereine in den Vereinigten Staaten – doch eine bundesweite Mannschaftskonkurrenz mit regelmäßigem Spielbetrieb, zentral vermarktet von nur einer Organisation, existierte noch nicht. Ordentlich vermarktet wurde eigentlich nur eine damals sehr populäre Show-Basketball-Mannschaft, die Harlem Globetrotters. Und diese Mannschaft ist noch heute in aller Munde, wenn es um spektakuläre Basketball-Einlagen geht. So erfolgreich die Chicago Bulls in kommerzieller und sportlicher Hinsicht in den vergangenen Jahren auch waren, so legendär der Ruf der Los Angeles Lakers auch ist und so begeistert vor allem deutsche Fans den Aufstieg der Seattle Supersonics (mit dem deutschen As Detlef Schrempf) zum Top-Team verfolgten – die berühmteste Mannschaft im amerikanischen Basketball-Sport ist nach wie vor eine Truppe, die in keiner Liga antritt und dennoch mit ihren Auftritten Millionen Fans in aller Welt für sich gewinnen konnte: die Harlem Globetrotters.

Die Idee zur Gründung dieser Mannschaft hatte 1926

ein Geschäftsmann namens Abe Saberstein. Dem Amerikaner ging es dabei um zweierlei: Zum einen wollte er mit einer Showtruppe, die spektakuläre Aktionen vorführte, das Interesse seiner Landsleute am Basketball-Sport verstärken – zum anderen wollte er durch die Gagen, die er für ein solches Team verlangen konnte, natürlich Geld verdienen. Beides klappte ausgezeichnet. Bald sprach sich herum, wie sehenswert die Einlagen der Sportler waren, und die Auftritte fanden vor immer mehr Zuschauern statt. Die Gagen stiegen, und die Harlem Globetrotters konnten sich schon nach wenigen Jahren vor Anfragen kaum noch retten. Damit füllten sie nicht nur die Kasse des eigenen, aufstrebenden Unternehmens: Sie machten ihre Sportart bei den seit eh und je in Showeffekte verliebten Amerikanern überaus populär.

Bald war die Nachfrage nach tollen Dunkings, schnellen Dribblings und anderen begeistert gefeierten Einlagen auf dem Parkett zwischen den Körben so groß, daß immer wieder Versuche unternommen wurden, eine professionell organisierte, bundesweite US-Basketball-Liga zu etablieren. 1946 wurde dann die National Basketball Association (NBA) ins Leben gerufen – seither profitieren NBA und Harlem Globetrotters prächtig voneinander.

Die NBA nutzte die gerade auch von den Globetrotters entfachte Basketball-Euphorie in den Vereinigten Staaten für einen Liga-Betrieb, der im Profisport seinesgleichen sucht – in finanzieller wie in sportlicher Hinsicht.

Und die Harlem Globetrotters rekrutierten ihre Spieler in den vergangenen Jahren vorzugsweise aus den Reihen ehemaliger NBA-Stars, die nun, nach dem Ende der aktiven Laufbahn und ohne den permanenten Druck des

Gewinnen-Müssens, ihr Faible für Show-Einlagen hemmungslos ausleben können. Heute sind die Harlem Globetrotters für die Basketball-Szene das, was »Holiday On Ice« im Eiskunstlaufen ist: Behängt mit olympischen Medaillen oder ausgezeichnet für WM- und EM-Plazierungen, verdienen sich dort Ex-Aktive noch einige Handvoll Dollar.

Die Harlem Globetrotters gelten jedenfalls nach wie vor als eine der Top-Attraktionen unter Basketball-Freaks – und dementsprechend gefragt ist das Team, wenn es darum geht, für irgend etwas die Aufmerksamkeit der Medien und der Fans zu erregen, das mehr oder weniger mit Basketball zu tun hat. Als Michael Jordans Film *Space Jam* in Deutschland als Videokassette erschien, wurden die Globetrotters eigens aus den USA eingeflogen, um im Vergnügungspark »Warner Brothers Movie World« in Bottrop aufzutreten. Und so marschierten die Spieler bei der täglichen Parade im Park mit, gaben eine Pressekonferenz, standen für Fototermine und Interviews zur Verfügung, führten einem staunenden Publikum einige Einlagen vor, marschierten sogar zu einer zweiten Parade durch den Vergnügungspark los – und jetteten anschließend weiter, denn die Videofirma hatte die Globetrotters für eine Werbetournee durch ganz Europa gebucht.

Für die Spieler der Harlem Globetrotters ist ein so eng gedrängter Terminplan nichts Besonderes mehr. Die Faszination, die sie auf Basketball-Fans in aller Welt ausüben, ist ungebrochen: Mit Auftritten in insgesamt 114 Ländern zog das Team insgesamt bereits rund 100 Millionen Zuschauer in seinen Bann – darunter auch solche Zeitgenossen, die eigentlich nicht als ausgewiesene Fans der Sportart bekannt sind: Der Papst sah die Jungs schon dribbeln, die britische Königin Elisabeth zeigte sich von den gezeigten Dunkings einigermaßen *amused,* und auch für Südafrikas

Präsidenten Nelson Mandela legten sich die Globetrotters schon mächtig ins Zeug. In Südafrika war der Anlaß ihrer Verpflichtung – wie so oft – eine Wohltätigkeitsveranstaltung: Es ging um die vom Präsidenten des Landes ins Leben gerufene Stiftung »Nelson Mandela Children's Fund«, für die das Team aus den USA bei dieser Gelegenheit sage und schreibe eine Million Dollar einspielte.

Als besondere Einlagen gelten dabei die Weltrekordversuche im Slam Dunk: Dabei geht es darum, den Ball aus einem möglichst hohen und möglichst spektakulär durchgeführten Sprung heraus in den Korb zu donnern. Das Dunking ist bei den Spielern überaus beliebt – viele Trainer halten nicht viel davon und nehmen dieses Show-Element als notwendiges Übel hin, um Zuschauer und Stars bei Laune zu halten. Immerhin können sich die besten NBA-Dunking-Profis einmal im Jahr so richtig austoben. Dann findet im Rahmen des alljährlichen All-Star-Spiels der NBA ein Slam-Dunk-Wettbewerb statt. Dazu gehen die teilnehmenden Spieler allein aufs Parkett, dribbeln und springen nach eigenem Gutdünken auf den Korb zu und »dunken« den Basketball ein – eigens engagierte Wertungsrichter vergeben Noten für die Ausführung des Dunks und küren schließlich den Slam-Dunk-Champion des Abends.

Daß es trotz aller Gaudi auch um sportliche Leistungen geht, machen die Harlem Globetrotters bei ihren Auftritten immer wieder deutlich – mit den erwähnten Weltrekordversuchen. Als sie Ende August 1997 nach Deutschland kamen, um in Bottrop eine neue Höchstleistung anzustreben, stand der höchste Slam Dunk mit elf Fuß und acht Inches im Guinness-Buch der Rekorde – das sind umgerechnet knapp 3,56 Meter. Als Rekordhalter wurde im Guinness-Buch natürlich ebenfalls ein Spieler der Harlem Globetrotters genannt.

Endlich: Landesweite Wettkämpfe

Die Amerikaner waren schon früh geradezu verrückt nach US-weiten Wettkämpfen. Im Baseball hatte das während des Zweiten Weltkriegs sogar zu einer sehr ungewöhnlichen Saison geführt: Als dem Nationalsport Amerikas eine Liga-Pause drohte, weil die meisten Spieler als Soldaten an der Front kämpften, verfielen die Organisatoren der Baseball-Liga auf eine clevere, aber sehr ausgefallene Idee: Sie gründeten 1943 eine Frauen-Liga, die während der Abwesenheit der männlichen Stars tatsächlich zigtausende Zuschauer in die Stadien des Landes lockte. Leider ließ das Interesse an diesem Experiment wieder nach, als der Krieg vorüber war und die männlichen Baseball-Spieler erneut antreten konnten – 1954 wurde die Frauen-Baseball-Liga schließlich wieder aufgelöst. Regisseurin Penny Marshall machte aus jener schillernden Episode amerikanischer Sportgeschichte 1992 übrigens eine unterhaltsame Kinokomödie mit Geena Davis, Madonna und Tom Hanks in den Hauptrollen: *Eine Klasse für sich.*

Einer Profi-Liga im Basketball drohte durch den Zweiten Weltkrieg keine Zwangspause – allerdings nur deshalb, weil es damals noch keine landesweite Profi-Liga gab. Erst 1946, also ein Jahr nach Kriegsende, sollte die NBA gegründet werden. Zwar lagen in den USA wegen des in Asien und Europa ausgetragenen Krieges keine Städte in Trümmern wie etwa in Deutschland – doch die Kassen der Weltmacht Amerika waren dennoch arg strapaziert. Die Wirtschaft suchte nach neuen Einnahmequellen, und auch die Besitzer von Sporthallen zerbrachen sich damals die Köpfe, wie sie ihre Arenen wieder mit zahlendem Publikum füllen konnten. Unter anderem verfielen sie dabei auf den Einfall, daß eine neue Basketball-Liga der

Schlüssel zum Erfolg sein könnte – und so hoben 1946 einige Hallenbesitzer die NBA aus der Taufe. Anfangs versprachen sich die Geschäftsleute von den Basketball-Spielen aber offenbar nicht übertrieben hohe Einnahmen: Die Korbjagd sollte nur die umsatzlose Zeit zwischen den damals sehr populären Spielen der Eishockey-Liga überbrücken helfen.

Doch der Pausenfüller entwickelte sich unerwartet prächtig. Bald ging es für die Teams, ihre Besitzer und die NBA selbst um stattliche Summen, die sich unter anderem aus Werbe-Honoraren und Eintrittsgeldern zusammensetzten. Beinahe wäre genau dieser finanzielle Erfolg der NBA zum Verhängnis geworden: Um nur ja nicht im Hurra-Stil die Chance auf einen Erfolg zu riskieren, wurden die Spiele in den 60er und 70er Jahren immer stärker allein von der Taktik bestimmt, und schließlich begannen die Zuschauerzahlen zu sinken – diese Art von Basketball war für das Publikum nicht mehr interessant genug.

Das Resultat dieser Entwicklung: Die NBA geriet in eine Krise, die finanziellen Turbulenzen erschütterten die halbe Liga, und 1982 schrieben 13 von damals 23 Clubs rote Zahlen. Angeblich soll knapp die Hälfte der in die Verlustzone geratenen Vereine unmittelbar vom wirtschaftlichen Aus bedroht gewesen sein. Knapp zwei Jahre später brachte ein Mann die Wende zur finanziellen Wiedergeburt der NBA, der noch heute ihr Geschäftsführer ist: David Stern. Unter seiner Leitung schaffte die NBA tatsächlich die Wandlung von einer etwas behäbig gewordenen Funktionärstruppe hin zum modern strukturierten und erfolgreichen Wirtschaftsunternehmen. Obendrein hatte er das Glück des Tüchtigen: Die vor allem unter den amerikanischen Jugendlichen nach wie vor ungeheuer populäre Sportart Basketball wandelte sich damals ebenfalls – bald kam, propagiert und exzellent vorgeführt von zahlreichen, vor allem dunkelhäutigen Nachwuchsspielern, eine weniger auf Kampfkraft konzentrierte Spielweise in Mode. Nun traten viele Teams nicht mehr mit sterbenslangweilig wirkendem Stand-Basketball an, der die Zuschauer mit aus dem Stand geworfenen Pässen und Rempeleien zwischen Angreifern und Verteidigern immer mehr abgeschreckt hatte – nun gab es plötzlich Pässe zu sehen, die ein Spieler seinem Teamkameraden aus vollem Lauf und ohne Blickkontakt sozusagen »blind« in die Hände schoß. Mit gewaltigen Sprüngen überflügelten viele Angreifer ihre Gegenspieler und donnerten den Ball von oben ins Korbnetz, bevor sie sich für Sekundenbruchteile am Ring des Korbs festhielten, so daß die Veranstalter schon fürchten mußten, das gute Stück werde unter der Wucht der Zwei-Zentner-Athleten zerbrechen. Solche Dunkings wollten die Fans sehen, dazu spektakuläre Dribblings, bei denen ein Sportler sein Gegenüber nicht nur mit schnellen Körperdrehungen düpierte, sondern Handwechsel möglichst mit einem eleganten Aufsetzer zwischen den eigenen Beinen hindurch verband.

Von da an wurden durchtrainierte Techniker mit Tempo und dem Blick für die Situation die Stars der NBA, Spieler wie Julius Erving, Earvin »Magic« Johnson – und Michael »Air« Jordan.

Die NBA heute: ein gigantisches Wirtschaftsunternehmen

Die Zahlen, die das Unternehmen National Basketball Association vorweisen kann, sind beeindruckend. Schon in der Saison 1994/95 spielte es weltweit durch den Verkauf von Eintrittskarten und Fan-Artikeln, durch den Absatz von Videos, durch Werbeeinnahmen und die Vermarktung von Fernsehrechten weltweit die stolze Summe von drei Milliarden Dollar ein. Und dieses Geschäftsergebnis liegt bereits einige Jahre zurück – Jahre, in denen die Zuwachsraten des NBA-Umsatzes nicht nur stiegen, sondern geradezu explodierten. Spiele der amerikanischen Profi-Liga kann man in mehr als 150 Ländern der Erde auf dem Bildschirm verfolgen – keine Sportart, keine andere Liga ist ähnlich präsent im Fernsehen. Und auch Olympia – eigentlich ein weltweiter Wettstreit unter Amateur-Spitzensportlern – trägt seinen Teil zum florierenden NBA-Konzern bei: In Jahren, in denen eine Sommerolympiade (mit dem aus NBA-Cracks gebildeten amerikanischen Dream Team) stattfindet, steigen die Verkaufszahlen von NBA-Videos um sagenhafte 150 Prozent.

Allerdings schnellten auch die Spielergehälter nach oben. 1995 bezahlte der Geschäftsmann Glen Taylor noch 89 Millionen Dollar, um das gesamte Team der Minnesota Timberwolves zu kaufen – nur zwei Jahre später unterschrieb Jungstar Kevin Garnett einen Sechs-Jahres-Vertrag, der ihm allein insgesamt eine 123-Millionen-Dollar-Gage sicherte. Kein Wunder, daß manche Basketball-Liebhaber im Zusammenhang mit solchen Zahlen von finanziellem

Wahnsinn sprachen – zumal ein Drittel der Vereine horrende Gehälter zahlte, obwohl man diese Ausgaben nicht über den vereinseigenen Etat finanzieren konnte: Die Vereine waren zur Deckung ihres Etats auf Zuschüsse aus dem NBA-Budget angewiesen.

Das Spielsystem in der NBA

In den vergangenen Jahren erhöhte sich die Zahl der Mannschaften, die in der NBA antraten, stetig. In der Saison 1997/98 bildeten die Teams der National Basketball Association zwei sogenannte Conferences, je eine für die östliche und eine für die westliche Hälfte der USA. Jeder dieser Conferences ist noch einmal in zwei Divisions unterteilt. Die Mannschaften der NBA-Saison 1997/98 bildeten folgende Gruppen:

Atlantic Division (Eastern Conference)
Boston Celtics, Miami Heat, New Jersey Nets, New York Knicks, Orlando Magic, Philadelphia 76ers, Washington Wizards.

Central Division (Eastern Conference)
Atlanta Hawks, Charlotte Hornets, Chicago Bulls, Cleveland Cavaliers, Detroit Pistons, Indiana Pacers, Milwaukee Bucks, Toronto Raptors.

Midwest Division (Western Conference)
Dallas Mavericks, Denver Nuggets, Houston Rockets, Minnesota Timberwolves, San Antonio Spurs, Utah Jazz, Vancouver Grizzlies.

Pacific Division (Western Conference)
Golden State Warriors, Los Angeles Clippers, Los Angeles Lakers, Phoenix Suns, Portland Trail Blazers, Sacramento Kings, Seattle SuperSonics.

Innerhalb dieser vier Divisions bestreitet jedes Team gegen jede der anderen Mannschaften ihrer Division mindestens ein Heim- und ein Auswärtsspiel, weitere Begegnungen finden gegen die Mannschaften der anderen Divisions statt. Danach geht es der Plazierung aus der Punktrunde entsprechend in die Play-offs. In diesen Ausscheidungsduellen werden nach dem K.-o.-System jene Mannschaften ermittelt, die den Meistertitel der Eastern beziehungsweise Western Conference untereinander ausspielen. Und schließlich treten der West- und der Ost-Champion gegeneinander an, um den Basketball-Meister der laufenden NBA-Saison zu ermitteln. Übrigens nennt sich der Sieger nicht »US-Meister«, sondern – ganz unbescheiden – »Weltmeister«. Allerdings war bisher keine Mannschaft außerhalb der USA in der Lage, einem solchen Champion den Titel als derzeit bestes Team der Welt streitig zu machen.

Der regionale Bezug der einzelnen Mannschaften wird in der NBA geschickt zur Förderung der Umsätze genutzt. Durch die Unterteilung der USA in vier Divisions häufen sich in der normalen Punkterunde die Derbies, jene Duelle zwischen Teams aus benachbarten Städten oder Gegenden – wobei »benachbart« im weiträumigen Land USA natürlich anders zu verstehen ist als hierzulande. So liegt vor dem Aufeinandertreffen etwa von Chicago und Detroit, von Washington und New York, von Dallas und Denver oder vor dem direkten Duell der beiden Teams aus Los Angeles eine besondere Spannung in der Luft, die das Interesse der Fans und der Medien zusätzlich anheizt.

CHICAGO
BULLS

Auch die Namen der Clubs haben einen Bezug zu Gegend oder Stadt, in denen sie beheimatet sind: Die Rockets (zu deutsch: Raketen) aus Houston verweisen auf die dort ansässige US-Weltraumbehörde NASA, die Magics aus Orlando wollen mit ihrem Namen auf den Disney-Vergnügungspark in ihrer Nachbarschaft anspielen (der Konzern wirbt ja gerne für sich unter dem Etikett »The Magic Kingdom«), und die Nuggets in Denver sollen an den Goldrausch im Wilden Westen erinnern. Auch die Mannschaft Chicagos kam auf ähnliche Weise zu ihrem Namen, denn Bulls (zu deutsch: Bullen, Stiere) hatten einst den Aufstieg der Stadt zu einer der florierenden Metropolen des Landes gefördert: Riesige Rinderherden waren im vergangenen Jahrhundert in die Schlachthäuser getrieben worden. Die gigantische Fleischindustrie bescherte Chicago eine frühe wirtschaftliche Blüte. Als dann in den 70er Jahren des 19. Jahrhunderts ein Teil der Stadt durch einen verheerenden Brand verwüstet wurde, konnten die Fabrikanten Chicagos ihren Reichtum auch anders demonstrieren: Mit kühn in den Himmel getriebenen Hochhäusern machte die Stadt damals sogar New York Konkurrenz. Auch im sportlichen Vergleich wollten sich die Einwohner Chicagos am liebsten mit den großen Metropolen des Landes messen – mit New York oder Los Angeles. Doch es sollte zumindest im professionellen Basketball Jahre dauern, bis ein Team aus Chicago jenen Mannschaften den Rang ablaufen konnte.

Der Unterbau der NBA: Die College-Mannschaften

Wer in der NBA als Basketballer zum Höhenflug ansetzt und Millionen verdienen möchte, hat sich in aller Regel zuvor bereits in einer Liga bewährt, die ebenfalls zu den besten der Welt zählt: in einer der sogenannten College-Mannschaften. Die herausragenden Leistungen dieser Teams hängen mit einer Besonderheit amerikanischer Hochschulen zusammen, die es so in Deutschland, Österreich oder der Schweiz nicht gibt. Jede amerikanische Universität, die etwas auf sich hält, leistet sich eine sportliche Fakultät, die allerdings mit normalem Hochschulbetrieb wenig zu tun hat und eher einem professionell geführten Sportunternehmen gleicht. Und professionell ist meistens auch die Zielsetzung: Erfolgreiche Uni-Teams – ob sie nun im Football, im Baseball oder eben im Basketball antreten – können durchaus stattliche Preisgelder einspielen und so mithelfen, den Etat ihrer Hochschule zu füllen. Sportmannschaften läßt sich das jeweilige College einiges kosten: Exzellente Trainingsbedingungen, erfahrene Trainer und Talentsucher, die praktisch pausenlos durch die USA reisen, um unter den Spielern der Schülermannschaften – die nächstuntere Stufe der amerikanischen Nachwuchsförderung – die größten Begabungen ausfindig zu machen und zu ihrer Sportfakultät zu locken. Den talentiertesten Sportlern haben diese Talentscouts verlockende Angebote zu machen: ein Uni-Stipendium (das den Studenten unter anderem die in den USA recht hohen Studiengebühren erspart), eine solide Ausbildung in der ausgewählten Sportart – und nicht zuletzt die Chance, die Talentsucher der NBA auf sich aufmerksam zu machen.

Die College-Mannschaften bestreiten – wie die Profis – eine eigene Saison; die zahlreichen Teams sind in regionale Ligen eingestuft und tragen dort ihre Punktspiele aus. Die erfolgreichsten Mannschaften dieser Punktrunde treffen am Ende jeder Saison in mehreren Spielen aufeinander. Die vier Sieger dieser Turniere nehmen schließlich am Schlußturnier der Final Four teil – ein Spektakel, das in den

Vereinigten Staaten seit jeher zu einem der größten Sportereignisse des Jahres zählt.

Bis 1988 winkten den besten College-Spielern sogar noch höhere sportliche Ehren: Aus den jeweiligen College-Teams wurden die Mitglieder der olympischen US-Basketball-Mannschaft ermittelt, und diese Auswahl holte neunmal (in insgesamt elf Wettbewerben) die olympische Goldmedaille. Seit jedoch für Olympia in manchen Sportarten der Amateur-Status nicht mehr so wichtig genommen wird, haben College-Spieler nur noch geringe Chancen auf eine olympische Medaille: 1992 und 1996 traten die USA mit einer von der NBA dominierten Mannschaft an – und holten mit diesem Dream Team zweimal Gold.

Der Aufstieg in die NBA

College-Spieler durchlaufen während ihrer (gewöhnlich vier Jahre dauernden) Sportlaufbahn an der Universität dieselben vier Phasen wie jeder andere Student: Sie beginnen als Freshman, werden im zweiten Studienjahr Sophomore genannt, im dritten sind sie ein Junior – und wenn sie schließlich ein Jahr als Senior an der Uni hinter sich haben, müssen sie das Team verlassen.

In jeder Saison wird eine Rangliste aller College-Spieler ermittelt, und die Besten von ihnen stehen einmal im Jahr beim sogenannten College Draft im Rampenlicht. Dabei handelt es sich um eine Art Sportlerbörse, während der die talentiertesten Spieler der einzelnen College-Mannschaften von den Profi-Teams der NBA unter Vertrag genommen werden können. Nun kommt eine weitere Besonderheit des amerikanischen Profi-Basketballs ins Spiel: Die Clubs dürfen nicht – wie etwa im professionellen Fußball in Deutschland üblich – ganz nach Belieben jene Spieler »einkaufen«, die sie sich leisten oder mit denen sie ihre Mannschaft ganz gezielt verstärken können. Für die Verpflichtung von Nachwuchsspielern haben sich die Macher der National Basketball Association folgende Regelung ausgedacht: Diejenigen NBA-Vereine, die in der aktuellen Saison am schlechtesten abgeschnitten haben, dürfen als erste jene Nachwuchsspieler benennen, die sie gerne in ihre Mannschaft holen möchten – damit sind diese Spieler (meist natürlich die bestplazierten der College-Rangliste) für die anderen Clubs gesperrt. Doch ganz so bürokratisch geht es in Wirklichkeit dann doch nicht zu; manchmal werden die Rechte an Spielern zwischen den Clubs wie auf einem Basar gehandelt. Immerhin macht diese Grundregel des Transfermarkts zumindest theoretisch deutlich, worauf es der NBA ankommt: Die schwächeren Teams sollen es leichter haben, sich durch gezielte Verstärkungen dem Niveau der besseren Mannschaften anzunähern – denn nur ähnlich gute Mannschaften liefern sich spannende Duelle und sorgen für das nötige Interesse der Zuschauer, der Medien und der Werbeindustrie.

Der Beginn einer großen Sportlerkarriere

Den Aufstieg in diese finanziell so verlockende Superliga NBA wollte auch Michael Jordan mit Hilfe erfolgreicher Auftritte in der College-Liga schaffen – und so trat er also an als frischgebackenes Team-Mitglied der University of North Carolina. Als waschechtes Landei wurde der Neuankömmling im UNC-Team anfangs belächelt. Den anderen Jungs verging ihr hämisches Grinsen jedoch schnell, wenn sie sich dem Neuen auf dem Spielfeld entgegenstellten – und ihm ein, zwei Körpertäuschungen später nur noch hinterherblicken konnten, wie er auf den Korb zustürmte und zu einem sehenswerten Dunking ansetzte. Doch gleichzeitig konnte auch Michael von einigen seiner neuen Teamkameraden noch wichtige Details lernen – von Sam Perkins zum Beispiel, der damals eine zentrale Rolle im College-Team spielte und Jordans Freund wurde.

Michael Jordan profitierte darüber hinaus eine ganze Menge vom Mannschaftstrainer, auch wenn ihm dessen Stil und Spielauffassung nicht von Anfang an paßten: Dean Smith trainierte die Basketball-Teams der University of North Carolina bereits in der 20. Saison, als Michael an das College kam. Smith stellte seit jeher das mannschaftsdienliche Agieren der Sportler in den Mittelpunkt seiner Strategie und seines Übungsaufbaus – und er legte Wert darauf, daß alle Spieler nicht nur durch Leistungen auf dem Feld überzeugten: Wer fällige Prüfungen für das Studium nicht schaffte, flog aus der Mannschaft – gleichgültig, wie wichtig er für das Team sein mochte.

Ein Spieler wie Michael Jordan, der gerne auf dem Parkett zauberte und immer für eine spektakuläre Einzel-Aktion zu haben war, mußte sich an Smiths Stil erst gewöhnen – doch später sagte Jordan immer wieder, wie sehr ihm die Zeit unter der Leitung von Dean Smith geholfen habe, sich zu dem Spieler zu entwickeln, der schließlich der Superstar der NBA wurde.

Bereits zu College-Zeiten erkannten Kenner des Basketball-Sports das ungeheure spielerische Potential des Jungen aus Wilmington – auch wenn er durch die rigorose Einbindung ins Team nie mit einer übermäßig hohen Punktausbeute auffallen konnte. Dean Smith wußte schon vor dem ersten Spiel der Saison 1981/82, was er an dem Neuankömmling hatte. Gleich zum Saisonstart wurde Michael Jordan in die erste Fünf aufgenommen und stand damit in der Startaufstellung des UNC-Teams.

Im Dezember 1981 wurde er für stolze 22 Punkte im Spiel gegen die Tulsa-Universität aus Oklahoma gefeiert, danach verhinderte eine Mandelentzündung weitere Erfolge – doch schon in den Play-offs derselben Saison war Jordan wieder auf den Beinen und spielte so gut wie zuvor. Die UNC-Mannschaft erreichte die Endspiele um die College-Meisterschaft NCAA (National Collegiate Athletic Association), und im Finale gegen die Georgetown-Universität aus Washington schlug Michael Jordans große Stunde. Mehr als 60 000 Zuschauer waren in den Superdome nach New Orleans gekommen, außerdem wurde das Spiel live vom Fernsehen übertragen – doch die gigantische Kulisse schien den Youngster Jordan nicht verunsichern zu können. Im Gegenteil: Wie beflügelt spielte er eine glänzende Partie. Und als die UNC kurz vor Schluß einen einzigen Punkt im Hintertreffen lag, nahm Trainer Smith eine Auszeit, rief die Spieler zu sich und schickte anschließend nicht seine Stars James Worthy oder Sam Perkins, sondern Newcomer Michael Jordan nach vorn, der den entscheidenden Korb werfen sollte. Das Risiko lohnte sich – Jordan verwandelte sicher und war damit Tagesgespräch aller amerikanischen Basketball-Fans.

Nach dem Coup in der College-Meisterschaft blieben weitere große Erfolge zunächst aus. Perkins und Worthy waren ins Profi-Lager gewechselt, und die nachrückenden Spieler konnten sie nicht gleichwertig ersetzen. 1984 entschloß sich Michael Jordan, ebenfalls Profi zu werden und brach dafür sein Studium vorzeitig ab. Der Zeitpunkt war nicht schlecht gewählt: Die Olympischen Sommerspiele standen bevor – und Michael Jordan sollte als einer der besten College-Spieler im US-Team antreten. Nicht nur er wußte, daß diese Olympiade das Sprungbrett zu einer steilen Karriere im professionellen Basketball werden konnte.

Und tatsächlich spielte sich Michael Jordan ins Rampenlicht. Die Vorbereitungsspiele liefen gut, auch während des olympischen Turniers selbst – man hatte ihn inzwischen zum Co-Kapitän des Teams ernannt – war die Mannschaft nicht zu schlagen. Die Olympia-Auswahl gewann souverän die Goldmedaille – und alle Mitglieder des Teams hatten nun prächtige Chancen auf lukrative Verträge mit NBA-Vereinen. Auf der Rangliste derjenigen College-Spieler, die 1984 Profi-Verträge ergattern wollten, wurden Michael Jordan, Sam Bowie und Hakeem Olajuwon als die drei besten Newcomer eingeschätzt – auf sie konzentrierte sich deshalb das Interesse der NBA-Clubs. Nach dem von der National Basketball Association festgelegten Reglement durften die drei schlechtesten Clubs der vergangenen Saison zuerst bestimmen, welche Spieler sie unter Vertrag nehmen wollten. Die Houston Rockets entschieden sich für Hakeem

Olajuwon, die Portland Trail Blazers engagierten Sam Bowie – und die Chicago Bulls, die eigentlich lieber Bowie in ihre Reihen geholt hätten, nahmen nun den letzten freien Spieler des vielversprechenden Trios unter Vertrag: Michael Jordan.

Sweet Home Chicago

»Sweet Home Chicago« – so heißt ein Rhythm & Blues-Klassiker, in dem die Vorzüge der Stadt am Michigan-See gepriesen werden. Doch die Stadt im US-Bundesstaat Illinois macht auf Neuankömmlinge nicht unbedingt einen sehr heimeligen Eindruck. Chicago ist ein riesiger Moloch, der sich ähnlich wie Los Angeles ausbreitet, soweit das Auge reicht. Rechnet man die Vororte der Metropole dazu, muß ein Autofahrer – eigentlich unvorstellbar für europäische Verhältnisse – 100 Kilometer weit fahren, bevor er von einem Ende des Ballungszentrums zum anderen gelangt ist. Weit mehr als drei Millionen Menschen leben hier, die sogenannte Metropolitan Area, der Großraum Chicago, entwickelt sich sogar deutlich auf die Zehn-Millionen-Grenze zu. Der Sears Tower ragt mit 442 Metern Höhe als einer von vielen Wolkenkratzern aus der Skyline empor. Die Stadt gilt heute als der amerikanische Hauptumschlagplatz für Getreide; hier wird Stahl produziert, und nach wie vor spielt auch die fleischverarbeitende Industrie eine große Rolle.

Hierhin kam Michael Jordan 1984. Und der Club, bei dem er unterschrieben hatte, versprach nicht unbedingt glänzende Perspektiven. Wer weiß: Vielleicht sah Jordan die Bulls lediglich als erste von vielen Stationen seiner Profi-Laufbahn, als Sprungbrett zu erfolgversprechenderen

Vereinen der NBA. Denn die Chicago Bulls zehrten 1984 noch von dem Ruf, den sie sich in den 70er Jahren erworben hatten – und nicht einmal damals, in ihrer Mitte der 80er wehmütig beschworenen »Glanzzeit«, hatten sie sich als wirklich erstklassiges Team erwiesen, sondern allenfalls im oberen Mittelfeld mithalten können.

Die Geschichte der Chicago Bulls

Basketball hatte in Chicago eine lange, wenn auch keine besonders erfolgreiche Tradition. Schon Ende der 30er Jahre wurden einzelne Teams gebildet, doch keine der Mannschaften gelang es, über längere Zeit hinweg ein ausreichend großes Publikum für sich zu begeistern. Mit der Gründung der National Basketball Association im Jahre 1946 kam auch Chicago zu einer Mannschaft, die sich im landesweiten Wettbewerb mit anderen US-Teams messen konnte. Den Anfang machten die Chicago Stags, die 1946/47 und 1949/50 in der NBA antraten, dort aber keinen bleibenden Eindruck hinterließen. 1961/62 versuchten sich die Chicago Packers in der NBA-Liga, 1962/63 scheiterte mit den Chicago Zephyrs bereits die dritte Mannschaft innerhalb weniger Jahre – ein Trauerspiel. 1966 wurde das Team der Chicago Bulls in die NBA aufgenommen – und nun ging es allmählich bergauf mit dem Basketball-Sport in der Metropole am Michigan-See. Zwischen 1968 und 1976 wurden die Bulls unter ihrem damaligen Trainer Dick Motta zu einer festen Größe in der Liga. In den Jahren 1972 bis 1974 gewannen sie sogar stets mehr als 50 Spiele pro Saison – eine Rekordmarke, die die Chicago Bulls erst 15 Jahre später wieder erreichen sollten. Von nun an lag die ganze Stadt im Basketball-Fieber;

bis zu 10 000 Fans feuerten die Bulls an – und mußten nach erfolgreichen Spielen innerhalb der regulären Saison meist mitansehen, wie ihre Lieblinge in den Play-offs schnell scheiterten. Dieser Umstand kostete 1976 letztlich wohl auch Trainer Dick Motta seinen Job. Doch es kam nichts Besseres nach: Die Chicago Bulls wechselten ihre Übungsleiter in den darauffolgenden Jahren wie die Hemden, das Team versank allmählich in der Bedeutungslosigkeit. Anstelle von – wie noch in der ersten Hälfte der 70er Jahre – 10 000 kamen in der Saison 1983/84 im Durchschnitt nur etwas mehr als 6000 Besucher – und die Spiele fanden vor einer fast geisterhaft wirkenden Kulisse statt, denn die Halle der Bulls hätte mehr als 17 000 Zuschauer gefaßt.

Das Erfolgsteam der Chicago Bulls

Aus der Talsohle, in der sich Chicagos Basketball-Aushängeschild am Ende der Saison 1983/84 befand, kamen die Bulls erst durch jahrelange zähe Arbeit wieder heraus. Von vielen Fans werden die allmählich immer größer werdenden und sich in den 90er Jahren zu wahren Triumphen auswachsenden Erfolge dieser Mannschaft am liebsten mit Michael Jordans überragendem Talent erklärt; doch natürlich haben auch andere einen großen Anteil am erneuten Aufstieg jenes Vereins – Menschen, die Michael Jordan formten; Menschen, die ihn unterstützten; Menschen, die oft genug auch als seine Widersacher auftraten – und Menschen, mit denen er sich im Sommer 1997 beinahe überworfen hätte.

Die Macher: Jerry Reinsdorf und Jerry Krause

Der millionenschwere Immobilienmakler Jerry Reinsdorf entdeckte genau im richtigen Moment sein Herz für die Bulls. Damals, 1985, befand sich der Verein in einem wirtschaftlichen Tief. Die Zuschauerzahlen waren zurückgegangen, das Interesse der Öffentlichkeit hatte nachgelassen, und der im Vorjahr verpflichtete Nachwuchsspieler Michael Jordan fragte sich wahrscheinlich bereits, ob es womöglich ein Fehler gewesen war, bei diesem Verein einen Vertrag zu unterschreiben. Reinsdorf hatte die Bulls 1985 gekauft, und kurz darauf machte er sich daran, den »Laden« wirtschaftlich und sportlich wieder auf Vordermann zu bringen. Als Besitzer und »Renovierer« der Chicagoer Baseball-Institution, der Chicago White Sox, hatte er zuvor bereits gezeigt, daß er tatsächlich etwas davon verstand, einem Darniederliegenden neues Leben einzuhauchen. Mit der Person des sachkundigen und engagierten Mitstreiters Jerry Krause sicherte er sich den geeigneten Manager, einen Sportverrückten im positiven Sinn, der sich auch sofort mit Begeisterung in die Arbeit stürzte.

Krause stieß bei Spielern und Fans anfangs gleichermaßen auf wenig Gegenliebe. Auf Beliebtheit legte der beleibte Manager aber auch keinen besonderen Wert: Er wollte Erfolge sehen – und wenn es dafür notwendig war, anderen Leuten gewaltig auf die Füße zu treten und sich dadurch Gegner zu schaffen, dann stellte das für ihn kein Problem dar. Und so spöttelten die Spieler hinter seinem Rücken über ihn, und auch die meisten Reporter hielten nicht besonders große Stücke auf den Macher im Hintergrund – währenddessen bastelte Krause jedoch ungebrochen an seinem großen Traum: das Team der Champions zusammenzustellen. Insider der amerikanischen Basketball-Sze-

ne nannten ihn bald nur noch den »Spürhund«, und diesem Ruf wurde er immer wieder gerecht. Schon als Talentsucher für Baseball-Vereine hatte er sich einen Namen gemacht. Durch sein Engagement für die White Sox war deren Besitzer, Jerry Reinsdorf, auf ihn aufmerksam geworden. Krause profitierte in großem Maße von der Routine, die er sich in der Baseball-Szene erworben hatte: Er baute sich eine eigene Kartei auf, in der er talentierte, junge Spieler führte. Sie waren noch so unbekannt, daß man sie günstig zu den Bulls holen konnte.

1987 beobachtete Krause ein Nachwuchsspiel; einer der Spieler auf dem Feld fiel ihm dabei besonders positiv auf: ein gewisser Scott Pippen, der zunächst jedoch bei den Seattle Supersonics unterschrieb. Zwei Jahre später wurden sich Pippen und Krause doch noch handelseinig, und im Tausch mit dem Center Olden Polynice kam dieser Spieler schließlich nach Chicago – in den folgenden Jahren entwikkelte sich Pippen zu einer wichtigen Stütze der Mannschaft. Jordan bezeichnete ihn schon bald nicht ohne Grund als Mitglied des »magischen Dreiecks« (Jordan, Pippen und Trainer Jackson).

Der Trainer: Phil Jackson

In seiner aktiven Zeit als Basketball-Profi galt der Zwei-Meter-Mann aus dem US-Bundesstaat Montana nicht gerade als Star seiner Zunft. Er spielte im Team der New York Knicks, fiel dort nicht besonders auf und wurde von den Medien meist als Helfer, als »Wasserträger«, bezeichnet. Wie wichtig auch solche Spieler für eine Mannschaft sind, zeigte sich 1973, als er eine der (wenn auch unauffälligen) Stützen jener New Yorker Mannschaft war, die den Titel der NBA holte.

Daß er als Spieler eher in der zweiten Reihe stand und von den Reportern, die sich um Interviews mit den angesagten Stars balgten, eher in Ruhe gelassen wurde, schien Jackson meist als Vorteil zu empfinden. Die Sommerpause zwischen den Spielzeiten verbringt er auch heute am liebsten in Montana, wo er – weitab vom Trubel der Metropolen – abschalten und sich vom Streß der vergangenen Saison erholen kann.

»Von den Indianern in Montana, bei denen ich aufgewachsen bin, habe ich viel gelernt«, erzählte Jackson einmal. »Das versuche ich jetzt meiner Umwelt mitzuteilen.« Offenbar ist ihm dies gelungen, denn als Coach der Chicago Bulls fand er stets die richtige Mischung aus klaren Vorgaben und taktischen Freiheiten für seine Spieler – und längst verehren ihn die Stars der Bulls als väterlichen Freund: »Er hat sich nie in meiner Aura verheddert«, meint zum Beispiel Michael Jordan. »Da war immer Bemühen in der Sache und Respekt vor dem Individuum. Diese Loyalität prägt unsere tägliche Arbeit.« So ist es auch für »Air« keine Frage, wer letztlich verantwortlich ist für den unglaublichen Erfolg der Chicago Bulls in den vergangenen Jahren: »Phil. Er versteht es, verschiedene Persönlichkeiten zu vermengen.«

Jackson hat sein Trainerhandwerk sozusagen von der Pike auf gelernt. Nachdem er seine aktive Laufbahn als Spieler beendet hatte, begann er 1979 als Assistenztrainer. 1982 übernahm er den Chefposten beim CBA-Team der Albany Patroons. Das Kürzel CBA steht für Continental Basketball Association, und die CBA-Liga gilt allgemein als einer der »Talentschuppen« der NBA. In der CBA zeigte sich bald die besondere Fähigkeit des ehrgeizigen Amerikaners: Er verstand es mit fast traumwandlerischer Sicherheit, die unterschiedlichsten Charaktere zu einem eingeschworenen Team zu verschmelzen, gegensätzliche Typen so miteinander zu kombinieren, daß sie ihre Schwächen ausgleichen und ihre Stärken voll ausspielen konnten.

Fünf Jahre lang trainierte er die Patroons, und der Job

brachte ihm die ersten Lorbeeren als Basketball-Trainer ein. 1984 wurde er mit den Albany Patroons Meister der CBA, 1985 durfte er sich über den Titel des besten CBA-Trainers freuen. Dieser Erfolg weckte die Aufmerksamkeit der anderen Clubs, bald lagen Jackson die ersten Angebote aus der NBA-Liga vor. Schließlich unterschrieb er bei den Chicago Bulls und wurde dort 1987 Assistenztrainer unter Chef-Coach Doug Collins. 1989 stieg er vom Co- zum Cheftrainer auf – diese Beförderung wird von vielen Fans der Mannschaft aus Chicago als Beginn der Bulls-Ära gefeiert. Der Neuling schlug sich wacker – und das, obwohl gerade jener Trainerposten in den Jahren zuvor unter NBA-Kennern als Schleudersitz gegolten hatte. Nach ein, zwei, maximal drei Jahren warfen die Bulls-Trainer das Handtuch oder wurden gefeuert – bis Phil Jackson zum Chefcoach aufstieg. Er hatte in seiner zweijährigen Zeit als »zweiter Mann« des Trainerstabs offenbar ein Gespür dafür entwikkelt, was von einem Chefcoach in Chicago erwartet wurde. Es war nicht wenig – und die völlig unterschiedlichen Erwartungen im Verein selbst und in dessen Umfeld machten diesen Job zu einem wahren Drahtseilakt.

Da waren zunächst einmal Jerry Reinsdorf und Jerry Krause: Der Besitzer und der Manager der Bulls investierten ihre Zeit und ihr Geld nicht in den Verein, um mit ihm im grauen Mittelfeld der NBA zu dümpeln – sie wollten Erfolge, spektakuläre Spiele, volle Zuschauerränge und klingelnde Kassen. Und sie wollten den NBA-Titel. Auch die Fans der Chicago Bulls hatten ihre klaren Vorstellungen vom Auftreten ihrer Lieblinge – und von übertriebener Bescheidenheit konnte keine Rede sein: Die Bulls sollten die Gegner ohne große Umstände vom Parkett fegen, dabei noch mit spektakulären Dribblings und Dunking-Einlagen zaubern – und natürlich am Ende triumphal die

Finals für sich entscheiden. Und schließlich die Spieler selbst: Von ihren Fans angestachelt, hielten sich einige der Mannschaftsmitglieder für Stars, um die sich die anderen zu gruppieren und denen sie zu assistieren hatten – dumm nur, daß eine Mannschaft aus lauter Häuptlingen nicht funktionieren kann. Nur eine klare Hackordnung und die richtige Mischung aus Stars und mannschaftsdienlichen Spielern bringen im Basketball den Erfolg – wie in vielen anderen Mannschaftssportarten auch.

Phil Jackson brachte das Kunststück zustande, die Interessen aller Beteiligten für das große Ziel Meisterschaft zu bündeln, in Ruhe ein schlagkräftiges Team aufzubauen und zugleich erste schnelle Erfolge zu feiern. Ohne die Zustimmung von Jordan (der in Jackson schnell einen Förderer der eigenen Talente erkannte) sowie Reinsdorf und Krause (die ihm genügend Zeit dafür ließen) wäre das nicht möglich gewesen. Mit ihrer Unterstützung dagegen konnte Jackson seine Fähigkeiten ausspielen, brachte die unterschiedlichen Typen im Team unter einen Hut, glich Gegensätze aus, konnte weitere Spieler neben Jordan zu wichtigen Leistungsträgern aufbauen, und mit jeder erfolgreich überstandenen Konfrontation, mit jeder übersprungenen Hürde reifte auch Jackson selbst als Trainer. Dabei standen ihm auch zwei Assistenzen der eher ungewöhnlichen Art bei: John Bach und Tex Winter waren beide als NBA-Experten bereits in Ehren ergraut, dachten jedoch trotz ihres fortgeschrittenen Alters nicht daran, kürzerzutreten. Für Jackson waren sie wertvolle Ratgeber – wenn auch die Zusammenarbeit mit den als etwas störrisch geltenden Altmeistern nicht immer ganz einfach gewesen sein dürfte.

Das kuriose Assistentenduo verfügte über Fähigkeiten, die sich ausgezeichnet ergänzten: John Bach war Spezialist für das Trainieren des Defensivverhaltens, Tex Winter interessierte sich eher für den Aufbau von Angriffszügen. Winter hatte schon Anfang der 60er Jahre unter dem Titel »Triangle Offense« ein Exposé für ein neues Offensivsystem zu Papier gebracht. Dabei geht es im wesentlichen darum, daß die Spieler, wenn sich nicht gleich die Möglichkeit zu einem Tempogegenstoß ergibt, ihre Gegner mit schnellen Positions- und Ballwechseln so lange schwindlig spielen, bis sich eine passende Lücke für einen Vorstoß zum Korb auftut. Das Team hatte einige Umstellungsschwierigkeiten – doch wie man heute weiß, lohnte sich die Mühe allemal.

Der gemeinsame Weg zum Erfolg

Die Mannschaft, die Phil Jackson 1989 als neuer Cheftrainer übernahm, besaß durchaus das Potential, in der NBA ganz oben mitzuspielen. Genauer gesagt: Die einzelnen Spieler hatten das Potential dazu – doch zu einem schlagkräftigen Team mußten sie erst noch geformt werden.

Im Mittelpunkt der Mannschaft stand natürlich Michael Jordan, der schon damals als das größte Talent galt, das die Chicago Bulls aufweisen konnten. Um ihn herum war das Team aufgebaut worden, das ihn in Szene setzen sollte – die Sache hatte nur einen Haken: Solange Jordan der alleinige Dreh- und Angelpunkt der Bulls war, konnte sich jeder Gegner darauf einstellen, dessen Kreise einzuschränken und ihn von der Unterstützung durch seine Mitspieler abzuschneiden – schon war die Mannschaft an ihrer Achillesferse getroffen. Diesen Schwachpunkt versuchte Phil Jackson auszuschalten. Er trainierte mit seinen Schützlingen ein variantenreicheres Spiel, baute neben Jordan auch andere Spieler zu Leistungsträgern auf und sorgte auf diese Weise dafür, daß die Bulls nicht mehr ganz so leicht auszurechnen waren wie bisher. »Air« Jordan, der auf dem Parkett im Grunde genommen hatte schalten und walten können, wie er wollte, paßte das zunächst nicht besonders gut in den Kram. Er sah durch Jacksons Arbeitsweise, dessen Beförderung zum Cheftrainer er anfangs gutgeheißen hatte, nun plötzlich seine Sonderstellung als Star der Truppe bedroht – bis ihm Phil Jackson klarmachte, warum auch für Jordan der Erfolg des ganzen Teams vor dem eigenen Ruhm als Punktelieferant und Dunking-König kommen sollte: »Ich sagte ihm«, erinnert sich Jackson, »daß alle Scorertitel der Welt nichts wert sind, wenn das Team nicht gewinnt.« Das leuchtete Jordan ein – denn vom Superstar einer Verlierertruppe würde bald niemand mehr reden.

Daß Spieler und Trainer heute eng befreundet sind und Jordan 1997 die Vertragsverlängerung von Phil Jackson sogar zur Bedingung für sein eigenes Bleiben bei den Bulls machte, zeigt, wie gut es Jackson seit jeher verstanden hat, den ihm anvertrauten Spielern die Gründe für sein Handeln plausibel darzulegen.

Außerdem gab der Erfolg dem neuen Chefcoach recht. Gleich im ersten Jahr nach seiner Beförderung erreichte das Team die Play-offs, und erst in der dritten Runde dieser Ausscheidungsspiele um die NBA-Meisterschaft scheiterten die Chicago Bulls am damals amtierenden Champion, den Detroit Pistons.

Michaels wichtigster Helfer: Scottie Pippen

Seinen Aufstieg zum NBA-Star verdankt Scottie Pippen – von Talent und Willenskraft einmal abgesehen – vor allem zwei Menschen: Jerry Krause, der ihn einst entdeckte und schließlich 1989 zu den Seattle Supersonics lotste, und Phil Jackson, der aus dem nachlässigen Genie eine Stütze der Bulls-Mannschaft machte. Das ging keineswegs ohne Reibereien zwischen Spieler und Trainer vonstatten. Pippen war natürlich, wie die meisten Spieler der NBA, mit einigem Selbstvertrauen gesegnet – und wenn ihm Jackson zu Beginn ihrer Zusammenarbeit klarmachen wollte, daß er einen Fehler begangen hatte, tat er das nicht selten als Fehleinschätzung des Trainers ab. Schließlich wurde Pippen von Branchenkennern immer wieder eine große Karriere prophezeit und ein ungeheures Potential bescheinigt – und Jackson hatte als Spieler nie so ganz den Durchbruch zum Star geschafft.

Dennoch merkte Scottie Pippen bald, daß er sich mit seinem neuen Trainer besser nicht anlegen sollte, denn Jackson verstand es sehr wohl, den eigenen Willen im Team durchzusetzen – auch gegen jenen Mann, der mit reichlich Vorschußlorbeeren zu den Bulls gekommen war. Immer wieder knisterte es zwischen den beiden, aber allmählich brachte Jackson den neuen Schützling auf seine Linie. Was der Trainer zunächst allerdings nicht in den Griff bekam, war ausgerechnet Pippens größte Schwäche: Seine Leistung hing sehr stark von seiner augenblicklichen Stimmung ab – und diese Stimmung war leider sehr großen Schwankungen unterworfen. Sobald ihm eine gegnerische Mannschaft mit großem, manchmal auch deutlich übertriebenem Körpereinsatz das Leben schwer machte, konnte Pippen nicht recht dagegenhalten. Das Ganze verunsicherte ihn, mißlungene Pässe häuften sich – und mit jedem weiteren Fehler wurde Pippen nervöser und ergab sich schließlich manchmal frustriert in sein »Schicksal«. Diese Schwäche hätte eines Tages beinahe fatale Folgen gehabt. Die Bulls standen in einem wichtigen Playoff-Spiel gewaltig unter Druck, und knapp zwei Sekunden vor Ende der Spielzeit brannten bei Pippen die Sicherungen durch: Er gab auf, stürmte beleidigt vom Feld und setzte sich wütend auf die Ersatzbank. Natürlich ließ es Jackson nach dem Spiel nicht an deutlichen Worten seinem Sorgenkind gegenüber fehlen – doch nach außen hin stand der Coach weiterhin uneingeschränkt zu ihm. Jackson verriet später, daß er Pippen intern die Leviten gelesen und ihn dadurch letztlich angestachelt hatte, sich künftig besser unter Kontrolle zu bekommen und seine Aggressivität statt dessen lieber in einen engagierten Auftritt auf dem Parkett münden zu lassen. »Ich sagte ihm«, verriet Jackson später, »daß das der Moment sei, der seine Karriere entscheide: Beweise den Leuten, daß ein Fehler eine Person nicht für immer definiert.«

Der Aufstieg Michael Jordans zum NBA-Star

Daß die Chicago Bulls mit dem Engagement des »Restpostens« gut eingekauft hatten, zeigte sich bereits in der ersten Saison – Jordan allerdings dürfte sich über die Regel der NBA geärgert haben, daß nämlich die schlechtesten Clubs der Liga während des College Draft ihre Spieler zuerst aussuchen und deshalb die besten Newcomer verpflichten können. Er war mit großen Hoffnungen in seine Profi-Karriere gestartet, doch zunächst reihte sich für den jungen Sportler eine Enttäuschung an die andere. »In den ersten Minuten des ersten Spiels wurde ich umgehauen und landete auf dem Boden«, erinnerte er sich einmal – und immer wieder erlebte das Team aus Chicago eine Bruchlandung. Doch Michael Jordan biß die Zähne zusammen, arbeitete härter denn je an sich, riß seine Mannschaftskameraden mit und konnte die Zahl der Niederlagen gegenüber der vorangegangenen Saison zumindest verringern. Vor Jordans Verpflichtung hatten die Bulls 55 von 82 Spielen der Saison verloren – in der ersten Saison mit ihrem späteren Superstar schnitten sie mit 38:44 besser ab und qualifizierten sich damit zum ersten Mal seit 1981 für die Play-offs, in denen sie allerdings früh scheiterten. Dennoch konnte Michael Jordan mit seiner persönlichen Bilanz mehr als zufrieden sein: Mit einem Punkteschnitt von 28,2 pro Spiel beendete er seine erste Saison in der NBA als drittbester Scorer der Liga, und innerhalb der Bulls-Mannschaft war er unter anderem bester Scorer, bester Werfer, bester Freiwurf-Schütze. Darüber hinaus hatte er die meisten Steals geschafft.

Durchsetzungsvermögen und Beharrlichkeit in einer eigentlich eher zweitklassigen Mannschaft – eine für jeden ehrgeizigen Sportler schwierige Situation – wurden honoriert: Nach der ersten Spielzeit im Dress der Chicago Bulls wählte man Michael zum »Rookie of the Year«, zum besten Neuling der Saison. Außerdem stand er in der Startformation der All Star Games 1985 und machte dort sieben Punkte innerhalb von nur 22 Minuten.

Was Jordan auch heute noch auszeichnet, ist das unbedingte Gewinnen-wollen – und die Trauer um jede Niederlage: »Es ist hart, wenn man jedesmal auf dem Spielfeld alles bringt, was man hat, und trotzdem verliert.« In Michael Jordans ersten Profi-Jahren lag das unter anderem auch daran, daß die Bulls kein Team waren, das körperbetont spielenden Mannschaften viel entgegenzusetzen hatte. Sie spielten gut, kombinierten flüssig, trafen auch nicht schlecht – wenn sich aber ein Spieler wie der bullige Charles Barkley mit Drängeleien und schmerzhaften Remplern Respekt verschaffte, ließen sich viele der Bulls schnell den Schneid abkaufen, und nicht selten ging das Team dann sang- und klanglos unter.

Und so blieben die Erfolge der Chicago Bulls trotz eines Michael Jordan, der mit der Zeit immer besser wurde, insgesamt eher bescheiden. In der Saison 1985/86 fiel er nach drei Spielen verletzt aus, und bis er im März 1986 wieder aufs Parkett konnte, hatten seine Teamkameraden nicht gerade Bäume ausgerissen – nachdem er in die Mannschaft zurückgekehrt war, schafften sie es immerhin gerade noch, die Play-offs zu erreichen. Dort scheiterten sie zwar klar mit 0:3-Spielen gegen die Mannschaft aus Boston, doch Michael Jordan versetzte die Fachwelt mit seinen Auftritten erneut in Staunen: Im zweiten Spiel erzielte er sagenhafte 63 Punkte und stellte damit einen Play-off-Rekord auf – sein

Punkteschnitt für die drei Spiele lag bei unglaublichen 43,7 Punkten.

In der folgenden Saison holte sich Michael mit 37,1 Punkten pro Spiel zum ersten Mal den Titel des besten Scorers der NBA – er sollte sieben Jahre hintereinander Amerikas Top-Scorer bleiben. Als erster Spieler nach Wilt Chamberlain (der 2,16-Meter-Riese trat Mitte der 70er Jahre vom Profi-Sport zurück) erzielte Michael Jordan mehr als 3000 Punkte innerhalb einer Saison. Gegen die New Jersey Nets warf er im Februar 1987 beeindruckende 58 Punkte, wenige Wochen später verbuchte er im Spiel gegen die Atlanta Hawks sogar 61 Punkte. Doch nicht nur exakte Würfe und spektakuläre Dunks machten den Wert des Spielers Jordan aus: Der zumindest innerhalb der Branche allmählich als Star anerkannte Spieler war sich auch für Drecksarbeit nicht zu schade. Er luchste den gegnerischen Angreifern geschickt die Bälle ab und schaffte als erster NBA-Spieler 200 dieser Steals; er blockte 100 Korbwürfe in einer Saison – mehr hatte ebenfalls noch nie zuvor ein NBA-Profi geschafft. Dennoch blieb Jordan der Durchbruch mit den Bulls nach wie vor versagt: Als Fünftplazierter kam Chicago in die Play-offs, wurde dort aber wie schon im Vorjahr von den Boston Celtics mit 3:0-Spielen abgefertigt.

Für die Saison 1987/88 stießen mit Phil Jackson und Scottie Pippen zwei Männer zu den Bulls, die in den folgenden Jahren großen Anteil am Aufstieg der Mannschaft zu einem der Top-Teams der NBA haben sollten.

Pippen und der andere NBA-Newcomer, Horace Grant, schlugen gleich so gut ein, daß die Bulls in der Punkterunde 50 von 82 Spielen gewannen – so gut war eine Mannschaft der Bulls zuletzt 1974/75 gewesen. Auch Michael Jordan zeigte sich von den neuen Kollegen beflügelt: In 81 von 82 Spielen erzielte er mehr Punkte als jeder andere aus seinem Team, dabei durchbrach er 18mal die 40-Punkte-Marke und blieb nur dreimal unter 20 Punkten. Dafür wurde er am Ende der Saison natürlich mit Preisen nur so überschüttet – unter anderem ehrte man ihn als erfolgreichsten Spieler der NBA, darüber hinaus holte er sich den Titel des aktuellen Slam-Dunk-Meisters. In der zweiten Runde der Play-offs scheiterten die Bulls in einem packenden Duell über fünf Spiele an den Detroit Pistons, doch die Mannschaft konnte insgesamt mit ihrer Saisonleistung zufrieden sein. Und es ging weiter bergauf – mit den Bulls und mit Michael Jordan. Er warf am 25. Januar 1988 den 10 000. Punkt seiner Profi-Laufbahn, das Magazin *Sporting News* wählte ihn zum Spieler des Jahres – die Bulls erreichten zum dritten Mal in ihrer Vereinsgeschichte die Finalspiele der Eastern Conference, in denen sie den Detroit Pistons nach packenden Duellen unterlagen.

1989 wurde nun also Phil Jackson Cheftrainer der Chicago Bulls – dieser Wechsel an der Spitze des Trainerstabs leitete eine imposante Siegesserie der Mannschaft ein. 55 Siege standen am Ende der Punkterunde zu Buche, Jordan war erneut Top-Scorer der NBA und – wie mit 69 Punkten im Spiel gegen die Cleveland Cavaliers – immer wieder der Matchwinner für sein Team. Auch diesmal erreichten die Bulls das Finale der Eastern Conference, und noch einmal scheiterten sie dort an den Detroit Pistons. In den Play-offs der Saison 1990/91 – daß sie schon wieder das Endspiel der Eastern Conference erreicht hatten, wurde fast schon als selbstverständlich angesehen – besiegten sie schließlich die Detroit Pistons recht deutlich. Danach standen sie im Finale der NBA, und gegen ihre Gegner, die renommierten Los Angeles Lakers, gaben sie nur ein einziges Spiel verloren. Chicago war NBA-Meister geworden – die Mannschaft hatte etwas geschafft, das ihr nur wenige in der Stadt zugetraut hatten. Doch es sollte nur ein Etappenziel sein – denn kaum war der Meistertitel errungen, begannen auch schon die Vorbereitungen, die Position an der Spitze der NBA zu verteidigen. Es ließ sich gut an: In der Saison 1991/92 gewannen die Bulls sagenhafte 67 Spiele, auch durch die Play-offs rauschten sie wie ein Orkan – und schließlich verteidigten sie in packenden Finalspielen ihren NBA-Meistertitel gegen die Portland Trail Blazers.

Das zweite Gold bei Olympia – diesmal als Profi

Als 1992 die Olympischen Sommerspiele im spanischen Barcelona stattfanden, erhielt die amerikanische Basketball-Liga die Chance, ihre besten Spieler im Kampf um eine Goldmedaille antreten zu lassen: Die Olympischen Komitees nahmen die Trennung zwischen Amateur- und Profi-Sportlern nicht mehr so genau wie bei früheren Spielen, und so sahen sich die übrigen Nationalmannschaften im olympischen Basketball-Turnier einer furchterregenden Auswahl der besten NBA-Profis gegenüber. Ganz unbescheiden nannten sich die Spieler das Dream Team – wer sie bei Olympia spielen sah, wußte, daß dieser Name den Kern der Sache traf. Die US-Basketballer spielten tatsächlich wie im Traum – oder erwiesen sich als Alptraum, hatte man das Pech, im Verlauf des Turniers als Gegner der US-Mannschaft auf dem Parkett zu stehen. Michael Jordan, Earvin Johnson, Larry Bird, Charles Barkley, Patrick Ewing, Scottie Pippen und die anderen Dream-Boys fegten durch das Turnier und fuhren anschließend freudestrahlend und mit Goldmedaillen dekoriert nach Hause.

Jordan und Pippen hatten im Anschluß daran noch weiter Grund zur Freude, denn auch mit den Bulls feierten sie erneut Erfolge. Nach einer glänzend gespielten Punktrunde 1992/93 erreichte die Mannschaft ohne Probleme die Finalspiele der Eastern Conference. Nach zwei verlorenen Endspielen gegen die New York Knicks gelang den Bulls mit einer enormen Steigerung noch der Sieg über die Mannschaft vom East River. Im NBA-Finale standen sie den Phoenix Suns gegenüber – und auch hier blieben sie Sieger und wurden zum dritten Mal in Folge NBA-Champion. Auch Jordan setzte wieder Maßstäbe: Während der Saison erzielte er den 20 000. Punkt seiner Profi-Karriere, und mit Spielen wie gegen die Washington Bullets (57 Punkte), Orlando Magic (64) oder die Los Angeles Lakers (54) steigerte er den Schnitt der in seiner gesamten NBA-Laufbahn erzielten Zähler auf 22,1 Punkte pro Spiel – ein neuer Rekord innerhalb der National Basketball Association.

Alles lief prächtig für die Bulls und ihren Superstar Michael Jordan. Nachdem er jahrelang im Schatten des überaus populären Earvin »Magic« Johnson gestanden hatte, war er nun die unumstrittene Nummer eins im amerikanischen Basketball. Er verdiente sehr gut mit seinem Talent, und geschickte Berater verstanden es, sein Einkommen durch hoch dotierte Werbeverträge zu vermehren. Und auch die Fans warteten eigentlich nur darauf, daß Jordan nun die nächste außergewöhnliche Saison spielen, neue Rekorde aufstellen und seine Mannschaft zu weiteren Triumphen führen würde.

Doch dann traf eine Neuigkeit viele Basketball-Fans in aller Welt wie ein Keulenschlag. Am 7. Oktober 1993 – nur einen Tag vor dem Beginn des Traingscamps für die kommende Saison – gab Michael Jordan eine Pressekonferenz. Er erklärte den entsetzten Journalisten, daß er mit sofortiger Wirkung als Basketball-Profi zurücktreten und keine

Saison mehr für die Bulls bestreiten werde. Die Nachricht ging in Windeseile um den Erdball; die Fans waren fassungslos. Einige besonders fanatische Verehrer von »His Airness« drohten sogar mit Selbstmord, wenn ihr Idol seinen Entschluß nicht rückgängig machen würde. Stets hatte Jordan betont, daß er mit dem professionellen Basketball aufhören wolle, bevor er sich als Athlet auf dem absteigenden Ast befinden würde – doch 1993 hatte seine Entscheidung, die NBA-Karriere zu beenden, wohl eher private Gründe. Tatsächlich war in den Monaten zuvor vielen seiner Fans erst so richtig klar geworden, daß auch ein Superstar wie Michael Jordan ein Privatleben hat – daß auch er die freie Zeit mit Frau und Kindern genießt, daß auch er Schwächen hat und ihn schwere Schicksalsschläge treffen können.

Der Sommer 1993 wird Michael Jordan wahrscheinlich lange unangenehm in Erinnerung bleiben. Die Pause zwischen den Spielzeiten nutzte er für die letzten Arbeiten an seiner wunderschönen Autobiographie *Rare Air.* Dort malte er sich aus, wie schön ein Leben ohne Star-Rummel für ihn sein könnte – wieviel Zeit er mit seiner Frau Juanita und den drei Kindern Jeffrey, Marcus und Jasmine verbringen würde. Er schwärmte von Kleinigkeiten des Alltags, die er – von Millionen bewundert – wohl nur zu gerne einmal gegen Ruhm und Popularität eintauschen würde: »Zur Zeit kann ich nicht dasein, wenn die Kinder zum Training in der Little Leaggue gehen. Ich habe nicht genügend Zeit, um ihnen bei den Hausaufgaben zu helfen.« Und er malte seinen perfekten Tag aus: mit den Kindern in den Vergnügungspark, danach ins Fast-food-Restaurant, ein paar Meilen radeln, ein Spaziergang, und abends mit seiner Frau ins Kino – ohne dabei ständig von Reportern und Fotografen verfolgt zu werden.

War der Star seiner Popularität überdrüssig? Wollte er nur noch ein ganz gewöhnlicher Mister Jordan von nebenan sein? Vielleicht gingen ihm solche Gedanken wirklich durch den Kopf – vielleicht mehrten sich die Zweifel über sein jetziges Leben, wenn er in den Medien, die ihn all die Jahre vergleichsweise sanft angefaßt hatten, nun lesen mußte, daß er spielsüchtig sei und sich nicht zurückhalten könne, wenn eine Wette oder ein Spielchen den Kitzel versprach, ein Bündel Dollarnoten zu gewinnen oder zu verlieren. Michael Jordan auf dem harten Boden der Wirklichkeit anstatt auf weitem Flug in Richtung gegnerischem Korb? Und dann das Schlimmste: die Nachricht vom gewaltsamen Tod seines Vaters James Jordan. Dieser hatte mit seinem Wagen an einer Autobahnraststätte in North Carolina haltgemacht, war von zwei Jugendlichen angegriffen und im folgenden Gerangel tödlich verletzt worden. »Mein Vater hat mein letztes Basketball-Spiel gesehen – das bedeutet mir viel.« Mit diesen Worten machte Michael Jordan während seiner Rücktritts-Pressekonferenz klar, was ihn letztlich zum Rückzug aus der NBA bewogen hatte.

Die Bulls ohne Jordan – und Jordan ohne die Bulls

Für Michael Jordan gab es noch einen weiteren Grund, sich von nun an wieder verstärkt dem Baseball zu widmen: »Baseball«, sagte er einmal, »war schon mein Kindheitstraum.« Und: »Bei den White Sox bin ich kein Star, sondern werde in den nächsten Monaten nur im Nachwuchsteam in der Aufbauliga Triple A eingesetzt.« Ob er damit auch sein Konto noch ein bißchen aufbessern wollte? Da schüttelte Michael Jordan nur den Kopf: »Nein – mir geht es nicht ums Geld, ich will hauptsächlich Spaß haben.«

Die Chicago Bulls waren ohne ihren größten Star in der Saison 1993/94 nur noch die Hälfte wert. Erfolge konnten sie längst nicht mehr so häufig feiern, und nicht wenige sehnten sich schon bald nach einem Comeback von »His Airness«. Doch dieser hatte ja inzwischen andere sportliche Vorlieben wiederentdeckt. Er ging mit dem Baseball-Team der Chicago White Sox ins Trainingslager, ließ seine alte Liebe zu dieser Sportart wieder aufleben und heuerte schließlich als Spieler bei den Birmingham Barons an, einem Nachwuchsteam der White Sox. Nach kurzen Anlaufschwierigkeiten schlug er sich auch auf ungewohntem Terrain sehr gut, es gelangen ihm sogar drei seiner geliebten Homeruns.

Nachdem Michael verkündet hatte, nun als Baseball-Spieler sein Glück zu versuchen, änderte sich zumindest im Berufsleben des sympathischen Amerikaners einiges grundlegend. Während ihm wegen seines Basketball-Talents halb Amerika zu Füßen gelegen hatte und er bei seinen Auftritten selbst bei Auswärtsspielen von Tausenden begeistert gefeiert worden war, wurde er im Baseball als Nachwuchsspieler behandelt – wenn auch als ungewöhnlich prominenter Nachwuchsspieler.

Jordan hatte in Interviews davon berichtet, daß er zunächst in der unterklassigen US-Liga Triple A spielen und dafür eine Gage von gerade mal 2000 Dollar monatlich erhalten würde. Kenner des Phänomens Jordan merkten schnell: Genau diese Normalität war es wohl gewesen, die den Superstar zu seinem Abenteuer Baseball gelockt hatte. Er, der jahrelang das sportliche und menschliche Rückgrat seiner Mannschaft gewesen war, der allen als großes Vorbild gedient hatte, konnte nun vergleichsweise unauffälliger Teil eines Teams werden. Einige Top-Sportler wurden vor Jahren einmal in Interviews gefragt, was sie so faszinierend an ihrem neuen Hobby Golf fänden. Viele meinten damals, es sei erfrischend, nach Jahren großer sportlicher Erfolge endlich einmal wieder eine Sportart auszuüben, in der ihnen die Fehler ganz normaler Anfänger unterlaufen dürften.

Michael Jordan schien jede Menge Spaß zu haben bei den Birmingham Barons. Doch den verdarb ihm Anfang der Saison 1994/95 ein Spielerstreik, mit dem die Profis der amerikanischen Baseball-Liga einige Forderungen bei ihrem Verband durchsetzen wollten. Jordan begann über ein Comeback in der NBA nachzudenken, und schon bald kamen ersten Gerüchte darüber in den Medien auf.

Das sensationelle Comeback

Den Chicago Bulls kamen diese Gerüchte sehr gelegen – denn auch in der laufenden Saison riß das Team nicht gerade Bäume aus. Bis zum Frühjahr 1995 hatte die Mannschaft eine magere Bilanz von 34 gewonnenen und 31 verlorenen Spielen vorzuweisen. Und dann, am 19. März 1995, stand er wieder auf dem Parkett: Michael Jordan. Im ersten Spiel gegen die Indiana Pacers wirkte er noch etwas isoliert und ungelenk, auch seine Punktausbeute (19) war nicht unbedingt sensationell. Doch schon drei Tage später errang er 27 Punkte gegen die Boston Celtics, und bald erwies sich Michael Jordan wieder als ganz der alte. 13 der 17 mit Jordan bestrittenen Spiele gewannen die Bulls, im ersten Spiel der Play-offs gegen die Charlotte Hornets gelangen ihm sogar unglaubliche 48 Punkte. Zwar war in der nächsten Play-off-Runde (gegen Orlando Magic) Endstation für die Chicago Bulls – aber jeder wußte, daß Jordan sein Team in der kommenden Saison wieder zu den gewohnten Höchstleistungen beflügeln würde. So kam es auch. In der Saison 1995/96 war Michael Jordan wieder vollkommen auf der Höhe. Er gewann seinen achten Titel als bester Scorer der NBA, und auch zum wertvollsten Spieler der Liga wurde er wieder gewählt. In allen 82 Punktrunden- und den 18 Play-off-Spielen der Chicago Bulls stand Michael Jordan in der Anfangs-Fünf auf dem Parkett. Am Ende hatte die Mannschaft erneut den Titel der NBA gewonnen. Auch in der Saison 1996/97 standen die Bulls in den Finalspielen – auch diesmal behielten sie (gegen Utah Jazz) die Oberhand. Dabei hatte es in den Spielen gegen das Team aus Utah nicht immer gut für die Mannschaft aus Chicago und vor allem nicht für Michael Jordan ausgesehen. Zwar dominierte das Team die gegnerische Mannschaft in den beiden ersten und entscheidenden Spielen, doch dann begann sich das Blatt zu wenden – und schließlich konnte Michael Jordan zum fünften Finalspiel nur von einer heftigen Virusinfektion geschwächt antreten. Zuschauer und Gegenspieler, die davon nicht aus der Zeitung erfahren hatten, bemerkten dies jedoch nicht, denn Jordan spielte trotz Krankheit wie entfesselt, erzielte 38 Punkte und verhalf den Bulls zum fünften Mal zum Gewinn der Meisterschaft.

Die Mannschaft aus Chicago hatten ihren Titel wieder, sie hatten ihren Star wieder – und Michael Jordan hatte seine Fans wieder. Aber erneut brachte er das Publikum zum Staunen. Er ging zum Film und gab sein Debut in der flott inszenierten Komödie *Space Jam.*

NBA
23
ALL-STAR
MICHAEL JORDAN

Basketball im Film

Space Jam war nicht nur Michael Jordans erster Spielfilm – er war auch einer der wenigen Filme, der sich in erster Linie mit Basketball beschäftigte. Nicht einmal in amerikanischen Sportfilmen spielt Basketball eine übergeordnete Rolle – aber einige schöne Produktionen, in denen das Spiel zwischen den Körben im Mittelpunkt steht, gibt es doch. Hier drei der schönsten:

Forget Paris
(Originaltitel: *Forget Paris,* USA 1995, Regie: Billy Crystal. Mit Debra Winger, Billy Crystal, Joe Mantegna, Cynthia Stevenson.)

Eigentlich dreht sich in diesem Film alles um die hindernisreiche Liebesgeschichte zwischen Ellen Andrews (Debra Winger) und Mickey Gordon (Billy Crystal) – aber durch Jordans Beruf kommt auch der Basketball-Sport nicht zu kurz: Mickey ist Schiedsrichter in der NBA, trotz seiner »Größe« – er reicht den meisten Spielern gerade mal bis zum Bauch – gehört er zu einem der besten der Liga. Souverän leitet er seine Spiele, und dabei kuschen selbst die größten NBA-Stars vor dem gestrengen Herrn an der Pfeife. Für die Basketball-Szenen spielten sich einige NBA-Profis selbst: Charles Barkley, Patrick Ewing, Kareem Abdul-Jabbar und andere.

Weiße Jungs bringen's nicht
(Originaltitel: *White Men Can't Jump,* USA 1992, Regie: Ron Shelton. Mit Wesley Snipes, Woody Harrelson, Rosie Perez, Tyra Ferrell.)

In den Vereinigten Staaten ist der Titel dieses Films eine feste Redewendung: »White men can't jump«, lästern farbige Spieler, wenn sie die Überlegenheit dunkelhäutiger Basketball-Profis gegenüber weißen Spielern unterstreichen wollen. Um genau jenen Spruch dreht sich die flotte Sportkomödie mit Woody Harrelson *(Ein unmoralisches Angebot, Larry Flynt)* und Wesley Snipes *(Demolition Man, Mo' Better Blues):* Der talentierte Hobby-Basketballer Sidney Deane (Snipes) hält sich und seine Freundin finanziell über Wasser, indem er für kleinere Wetteinsätze auf öffentlichen Basketball-Plätzen gegen andere Amateure antritt. Eines Tages steht ihm eine schräge Type gegenüber: Billy Hoyle (Harrelson), ein Weißer in ausgebeulten Shorts und rutschenden Socken, fordert Deane heraus – und spielt ihn wider Erwarten an die Wand. Billys Vorgehensweise ist leicht durchschaubar: Entsprechend der eingangs erwähnten Redewendung setzt er alles daran, daß sein Gegenspieler ihn unterschätzt, um so problemlos den meist recht hohen Wetteinsatz zu gewinnen. Hoyle will auf diese Weise seine Schulden abtragen, wegen der ihm ein paar rabiate Gläubiger bereits auf den Fersen sind. Deane und Hoyle tun sich zusammen und werden ein unschlagbares Team – bis sie eines Tages ein bißchen zu hoch pokern. Flott inszeniert und mit tollen Basketball-Szenen aufgepeppt.

Jim Carroll – In den Straßen von New York
(Originaltitel: *The Basketball Diaries,* USA 1995, Regie: Scott Kalvert. Mit Leonardo DiCaprio, Mark Wahlberg, James Madio, Juliette Lewis.)

Erzählt wird hier die wahre Lebensgeschichte des New Yorker Basketball-Talents Jim Carroll (gespielt von Leonardo DiCaprio). Jim begann 1963 als 13jähriger Tagebuch zu führen – und als er Jahre später diese Tagebücher unter dem Titel *Basketball Diaries* veröffentlichte, hatte er einen wahren Horrortrip hinter sich. Aus dem sportbegeisterten Teenager, der sein Basketball-Talent für eine Profi-Karriere in der NBA nutzen wollte, wurde ein Drogenabhängiger, dem der eigentliche sportliche Durchbruch nicht gelang. Regisseur Kalvert verlegte die Story von den 60er in die 90er Jahre, um Geld für authentische Kulissenbauten zu sparen, glaubwürdig blieb die Geschichte dennoch. Vor allem Leonardo DiCaprio glänzt mit seinen schauspielerischen Fähigkeiten in der Titelrolle – hier zeigt er schon zwei Jahre vor der Verfilmung von *Titanic,* daß er das Zeug besitzt, Hollywoods neuer Mega-Star zu werden. Übrigens ist der Darsteller auch im wirklichen Leben ein eingefleischter Basketball-Fan: Sofern ihm sein dichtgedrängter Terminplan dazu Zeit läßt, wirft er liebend gerne ein paar Körbe oder dribbelt mit einem Freund um die Wette.

Auch Dennis Rodman zog's vor die Kamera

Am 4. Dezember 1997 lief ein Action-Film in den deutschen Kinos an, in dem das enfant terrible des amerikanischen Basketball-Profisports mitspielte: Dennis Rodman hatte an der Seite von Haudrauf Jean-Claude Van Damme seine erste Hauptrolle in einem Kinofilm übernommen. Der weißblond gefärbte Rodman brauchte nicht zu fürchten, einen »Oscar« für seine darstellerische Leistung zu bekommen – aber er erregte doch einiges Aufsehen, vor allem bei den amerikanischen Kinogängern. Und das nicht einmal ganz ein Jahr nach Michael Jordans Auftritt in der Komödie *Space Jam.* Wollte sich da einer den Fans auf Umwegen als Nachfolger für »His Airness« empfehlen?

Rodmans Leinwand-Gastspiel war allerdings ganz anders gelagert als Michael Jordans Auftritt: *Double Team* war ein knallharter Action-Thriller, der gar nicht so schlecht zu Dennis Rodmans Image als enfant terrible der Basketball-Szene paßte. Er spielt den High-Tech-Waffenhändler Yaz, bei dem sich der Anti-Terror-Spezialist Jack Quinn (Jean-Claude Van Damme) mit Waffen eindeckt, um den brandgefährlichen Terroristen Stavros (Mickey Rourke) unschädlich zu machen. Yaz begleitet Quinn auf seiner Suche, und bald sind die beiden ein unzertrennliches und schlagkräftiges Team.

Warum die Wahl ausgerechnet auf Dennis Rodman fiel, als es darum ging, die Rolle des durchtriebenen Waffenhändlers zu besetzen? Produzent Moshe Diamant: »Diese Rolle mußte jemand spielen, der auf der Leinwand gewissermaßen überlebensgroß wirkt. Diese Wirkung hat Dennis. Gleich, nachdem sein Name zum ersten Mal ins Gespräch kam, wollten wir ihn haben – wir hatten im Grunde genommen nur nicht recht daran geglaubt, daß wir ihn auch wirklich bekommen könnten.« Rodman ließ sich gerne auf den interessanten Nebenjob ein, allerdings mußte er erfahren, daß auch das Filmemachen kein Zuckerschlecken war: »Nach einem 13stündigen Flug von L.A. und gehandicapt durch einen fürchterlichen Jet-lag stand ich mit Jean-Claude Van Damme mitten in Rom und drehte Action-Szenen. Es war eine sehr intensive Erfahrung – und am Abend tat mir jeder Knochen einzeln weh.«

Vor *Double Team* hatte Rodman bereits Erfahrungen in der Filmwelt sammeln können. Er erhielt eine Nebenrolle in Whoopi-Goldbergs Komödie *Eddie* und spielte an der Seite von Halle Berry in *BAPS*.

Space Jam

Die Idee, für einen Film Darsteller aus Fleisch und Blut mit Zeichentrickfiguren zu kombinieren, versprach seit dem sensationellen Erfolg der überdrehten Komödie *Falsches Spiel mit Roger Rabbit* riesige Umsätze in aller Welt. 1988 war der Streifen in die deutschen Kinos gekommen, und die technisch anspruchsvolle Verschmelzung von Real- und Zeichentrickfilm begeisterte Zuschauer und Kritiker gleichermaßen. Star-Komiker Bob Hoskins und das clevere Kaninchen Roger Rabbit als neues Traumpaar Hollywoods – das war zum Schießen komisch und sorgte für entsprechend hohe Einspielergebnisse an den Kinokassen.

Da vor allem in den Vereinigten Staaten Sportarten wie Basketball ungeheuer populär sind, lag natürlich der Gedanke nahe, das Thema eines neuen Films mit Real- und Trickcharakteren dieses Mal mit sportlichen Elementen aufzupeppen, um so die Erfolgschancen des Streifens noch zusätzlich zu erhöhen. Als dann Michael Jordans Manager und Anwalt David Falk bei den Warner-Studios vorsprach und vorschlug, einen solchen Film mit seinem Schützling zu drehen, waren die Warner-Chefs sofort Feuer und Flamme.

Falk hatte das Konzept eines solchen Films gemeinsam mit Ken Ross entwickelt, einem Produzenten, der im Bereich des Sportfilms bereits einige Erfolge vorweisen konnte. Ross, Gründer des Videostudios CBS-Fox Videos Sports – einer Tochtergesellschaft des weltumspannenden Filmkonzerns 20th Century Fox –, kannte die meisten Sportmanager. Er hatte eine ganze Reihe von Sportvideos mit Michael Jordan produziert und damit große kommerzielle Erfolge gefeiert, außerdem war er für die Produktion von Videos mit Jordans Kollegen Julius Erving, Kareem-Abdul Jabbar, Mickey Mantle und Earvin »Magic« Johnson verantwortlich. Und schließlich versorgte seine Firma die amerikanischen TV-Sender unter anderem mit zahlreichen Specials zu sportlichen Themen.

Falk und Ross packten ihr gemeinsames Projekt mit großer Begeisterung an – mit einer Begeisterung, die sie später in zahlreichen Interviews auch auf die Fans des Basketball-Helden Michael Jordan übertragen konnten: »Wir sehen Michael Jordan als ein Phänomen, das weit über das reine Sportler-Image hinausgeht«, schwärmten sie immer wieder. »Er hat sich international zu einer Pop-Ikone entwickelt. Da liegt es nahe, ein solches Talent auch in den Entertainment-Bereich einzubringen. *Space Jam* baut auf seiner Sportlerkarriere und seinem Charisma auf, ist für Michael also ein hervorragender Einstieg in die Filmbranche.«

Das sahen auch die Bosse der Warner-Studios nicht anders. Das Projekt von Falk und Ross paßte dem Unternehmen glänzend in den Kram: Schon seit Jahren wurde hinter den Kulissen gemunkelt, die Manager der Filmfirma schmiedeten Pläne für einen Kinofilm, der ihre Zeichentrick-Stars ins rechte Licht rücken sollte – nur ein passender Anlaß, ein taugliches Thema, ein erfolgversprechendes Konzept fehlte den Machern anscheinend noch. Nun also ein Sportfilm, für den ein Superstar wie Michael Jordan mit den Comic-Stars der Warner Brothers gemeinsame Sache machen sollte – das schien den Warner-Bossen auf Anhieb das richtige Rezept für einen Kassenknüller zu sein.

Und ein Kassenknüller sollte es, bitte schön, auch werden, wenn Warner seine traditionsreichen Zeichentrickfiguren für einen abendfüllenden Spielfilm auf die Leinwand schickte. Denn die Firma hatte ein Image zu verlieren – schließlich zählen die Looney Toons, wie die Warner-

Figuren in der Branche genannt werden, neben den Charakteren der weltbekannten Disney-Comics zu den berühmtesten Helden der Cartoon-Welt. Wem der Begriff Looney Toons nichts sagt, der wird einen Aha-Effekt erleben, wenn er die Namen der einzelnen Strich-Stars liest: der clevere Hase Bugs Bunny, die manchmal etwas tolpatschige Ente Daffy Duck, der faule Kater Sylvester, das nette Schweinchen Dick, das fixe Küken Tweety – sie alle sind seit Jahrzehnten feste Bestandteile der Fernsehprogramme in der ganzen Welt.

Für viele sind die Abenteuer von Bugs Bunny und Kollegen weit spaßiger und interessanter als die Disney-Geschichten aus Entenhausen – denn während Donald Duck und seine Neffen, der knausrige Fantastilliardär Dagobert oder Micky Maus und Freund Goofy in ihren Abenteuern stets »politisch korrekt« und brav dem Guten zum Sieg verhelfen, spielt in den Stories der Looney Toons eine gehörige Portion Frechheit mit. Hier dürfen die bürgerlichen Moralvorstellungen auch schon einmal kräftig gegen den Strich gebürstet werden. Das schien auch den Mitgliedern jener Jury zu gefallen, die alljährlich den begehrtesten amerikanischen Filmpreis vergibt: 1958 wurde Bugs Bunny, das Schlitzohr mit der Vorliebe für Karotten, für seinen Auftritt im Kurzfilm *Knighty-Knight Bugs* mit einem »Oscar« ausgezeichnet – insgesamt hatte es sogar vier Nominierungen gegeben.

Die unkonventionelle Art der Präsentation gefiel auch Hollywood-Regisseur und -Produzent Ivan Reitman seit eh und je am besten an Bugs Bunnys Cartoon-Familie. »Seit den 40er Jahren«, schwärmte er in einem Interview, »pflegen die Looney Toones ihre Tradition aufmüpfiger Respektlosigkeit. Sie sind von Anfang an für ein erwachsenes Publikum konzipiert gewesen. Natürlich sind auch die

Kinder treue Fans, aber der Zeichentrick-Humor unter dem Warner-Schild erwies sich als deutlich ungezügelter, ausgeflippter als in den übrigen Comic-Filmen. Diese Tradition wollte ich wieder aufleben lassen und sie mit einer Story für das heutige Publikum verbinden.«

Daß die Wahl auf ihn fiel, war sicherlich kein Zufall: Reitman hatte für Filme wie das mystische Abenteuer *Heavy Metal* (1981) als Produzent bewiesen, daß er mit gezeichneten Charakteren umgehen konnte; für die flotte Komödie *Ghostbusters* (1984) kombinierte er als Produzent und Regisseur mit großem Erfolg einen normalen Spielfilm mit knalligen Effekten und kunstvoll eingebauten Computergags; für Filme wie *Ich glaub', mich knutscht ein Elch* (1981) bewies er sein Gespür für temporeich geschnittene Klamauk-Komödien; und gleich mehrfach gelang ihm das schwierige Kunststück, Action-Star Arnold Schwarzenegger als begabten Komödianten zu präsentieren – die Reitman-Filme *Twins – Zwillinge* (1988) und *Kindergarten Cop* (1990) zählen zu den besten Produktionen mit »Big Arnie«.

Wie Schwarzenegger stammt auch Reitman aus Europa. Geboren wurde der erfolgreiche Filmemacher am 26. Oktober 1946 in der damaligen Tschechoslowakei. Als Ivan vier Jahre alt war, wanderte die Familie nach Kanada aus. Er studierte an der McMaster University in Hamilton im kanadischen Bundesstaat Ontario. Schon damals produzierte und drehte er nebenbei Kurzfilme, die er ans Fernsehen verkaufte. Als er Produzent der in Kanada sehr beliebten und live ausgestrahlten Comedy-Show *Greed* wurde, gelang ihm der Durchbruch im Filmgeschäft. Die Moderation der Show hatte damals der Komiker Dan Aykroyd übernommen, der später zur Komödianten-Legende werden sollte und immer wieder mit Reitman zusammenarbeitete.

Nachdem die Branche nun auf Reitman aufmerksam

geworden war, ging es für ihn Schritt für Schritt nach oben: Er landete einen großen Hit mit dem Broadway-Musical *The Magic Show*; er produzierte rebellisch-komische Theaterstücke, für die er mit den Machern des satirischen Studentenmagazins *The National Lampoon* zusammenarbeitete; für das Musical *Merlin*, eine weitere Broadway-Inszenierung, wurde er mit einem »Tony« ausgezeichnet – dem »Oscar« der Theater-Branche. Reitman nutzte seine wachsenden Erfolge geschickt, heute ist er als Chef der Film- und TV-Produktionsgesellschaft Northern Lights Entertainment wirtschaftlich weitgehend unabhängig. Dort entstanden unter anderem eine TV-Serie, basierend auf dem Kino-Hit *Ghostbusters*, und eine Zeichentrickreihe nach der ebenfalls erfolgreichen Komödie *Ein Hund namens Beethoven*.

Auch der Regisseur, den Produzent Reitman ins *Space-Jam*-Team holte, hatte sowohl in der Rolle des Filmemachers als auch in der des Geschäftsmanns ein gutes Gespür bewiesen: Der in Pittsburgh/Pennsylvania geborene Joe Pytka entwickelt mit seiner eigenen Produktionsfirma – die sinnigerweise einfach Pytka heißt – zur Zeit mehrere Spielfilmprojekte, und als Regisseur genießt er vor allem in der amerikanischen Werbebranche einen exzellenten Ruf. Einige seiner zahlreichen Werbespots sind heute legendär, vor *Space Jam* hatte er allerdings nur einen einzigen abendfüllenden Spielfilm gedreht: die Komödie *Alles auf Sieg* (1989) mit Hollywood-Star Richard Dreyfuss.

Pytka und Reitman als kreatives Gespann, Falk und Ross als Gesamtleiter der Produktion, dazu Michael Jordan und Bugs Bunny als populäre Zugpferde und die Cartoon-Erfahrung der Warner-Zeichner – nun war das schlagkräftige Team zusammengestellt, das *Space Jam* zu einer der erfolgreichsten Sportkomödien der vergangenen Jahre machen sollte.

Die Euphorie im Team war ungeheuer groß. Jordan würde auch diesen Film zu einem Top-Hit machen – »... zumal«, so schwärmten David Falk und Ken Ross, »er sich mit den Looney Toons verbündet, die dem ganzen Film natürlich ihren eigenen schrägen Stempel aufdrükken.« Auch Produzent Ivan Reitman war völlig begeistert von der Aussicht, diesen Film drehen zu können. »Den Gags sind buchstäblich keine Grenzen gesetzt. Die meisten handelnden Figuren sind gezeichnet, und etliche davon stammen nicht einmal von der Erde. Also können wir sie nach Belieben in jede noch so aberwitzige Situation katapultieren, wenn sie nur komisches Potential birgt. Physikalische Gesetze spielen dabei überhaupt keine Rolle.« Wie passend: Genau das behaupteten ja auch die Fans von Michael Jordan gerne von den spektakulären Aktionen ihres Idols – daß »His Airness« mit seinen Sprüngen das physikalische Gesetz der Schwerkraft außer Kraft setze.

Mit den Gesetzen der boomenden Basketball-Branche konnte dagegen nicht einmal Jordan brechen: Auch ein Superstar wie er muß sich schließlich an Spieltermine halten, muß Interviews geben und für Fotosessions zur Verfügung stehen. Und so bestand die höchste Hürde, die das Filmteam auf dem Weg zum ersten Drehtag überwinden mußte darin, ausreichend Lücken in Michael Jordans dichtgedrängtem Terminplan zu finden. Als das geschafft war, galt es, ihn auf seinen Job in *Space Jam* einzustimmen. Für Jordan war die Arbeit vor den Kameras zwar nach einigen TV-Specials und Basketball-Videos nicht mehr unbekannt – mit seinem ersten Auftritt als Hauptdarsteller eines Spielfilms betrat er dennoch Neuland. Allerdings sorgte Regisseur Pytka schon kurz nach Drehbeginn dafür, daß sich sein Star am Drehort ganz wie zu Hause fühlte: Pytka ist in der Szene für die Marotte bekannt, Mitarbeiter und Kol-

BULLS
23

legen zu einem kleinen privaten Basketball-Duell herauszufordern. Dafür läßt er jedesmal seinen eigenen Korb am Drehort aufstellen, und meistens, so heißt es, behalte er im Spiel die Oberhand. Das Spielchen gegen Michael Jordan verschlechterte seine Bilanz natürlich erheblich, aber Pytka soll das Spiel mit »Air« dennoch genossen haben – soweit er es angesichts der atemberaubenden Dribblings von Jordan überhaupt komplett verfolgen konnte ...

Auch in anderer Hinsicht schlug sich Jordan wacker. Er legte ein erstaunliches Talent als Schauspieler an den Tag – und das, obwohl er unter recht schwierigen Bedingungen arbeiten mußte. Während im fertigen Film zum Beispiel spektakuläre Basketball-Szenen als flottes Durcheinander von menschlichen und gezeichneten Darstellern erscheinen, mußte »Air« Jordan vor der Kamera meist das ganze Spektakel allein bestreiten. Dazu bedienten sich die Filmemacher eines Tricks, der seit Jahrzehnten die Kombination von getrennt aufgenommenen Szenen ermöglicht. »Blue Screen« wird das Verfahren genannt, wobei der damit beschriebene riesige Bildschirm im Hintergrund der gedrehten Szene keineswegs immer blau sein muß. Das Verfahren funktioniert folgendermaßen: In einem Studio wird eine bestimmte Szene gedreht, in der die Schauspieler vor einer einfarbig beleuchteten Wand agieren. Die Farbe der Wand ist im Prinzip gleichgültig – wichtig ist nur, daß derselbe Farbton nirgendwo sonst in der Szene auftaucht, also etwa in der Kleidung der Darsteller oder bei den Requisiten. Wenn die Szene abgedreht ist, wird das Filmmaterial in den Computer gespeichert; dort wird mit Hilfe von speziellen Programmen die Hintergrundfarbe aus dem Film gelöscht. Fügt man nun eine zweite, getrennt gedrehte Szene hinzu, ist diese durch die farblosen, also inzwischen transparenten Bereiche der »vorderen« Szene sichtbar –

und beide Szenen wirken, als seien sie gleichzeitig entstanden. So wurde zum Beispiel im Fantasy-Film *Die unendliche Geschichte* der Flug des Glücksdrachen Fuchur gedreht, und auch in Science-fiction- oder Ritter-Streifen »zaubern« die Filmtechniker mit diesem Trick aus ein paar Pappkulissen eine atemberaubend echt wirkende Szenerie.

Für *Space Jam* war diese Technik notwendig, weil sich die Zeichentrickfiguren ja schlecht echte Duelle mit Michael Jordan liefern konnten. Folgendermaßen entstanden einige der Szenen: »Air« Jordan wurde ins Studio 22 auf dem Warner-Gelände gebeten. Dort hatte Reitman ein Basketball-Feld einrichten lassen, den Kameras gegenüber leuchtete der erwähnte Blue Screen, der in diesem Fall grün eingefärbt war und ein Koordinatenraster enthielt, das später das Zusammenfügen mit den Zeichentrick-Sequenzen erleichtern sollte. In dieser seltsamen Umgebung mußte Michael Jordan nun also tolle Dunkings zeigen, mußte Gegner umdribbeln, die gar nicht anwesend waren, und Bälle von seinen fiktiven Teamkameraden annehmen und sie ihnen zuspielen. So glänzte der Basketball-Star mit seinem Talent, während um ihn herum Filmtechniker (richtig: in grünen Ganzkörper-Trikots) wuselten, die ihm gelegentlich einen Ball zuwarfen oder sich eine Abgabe des Idols schnappten.

40 Drehtage lang standen solche Auftritte auf dem Terminplan – und vielleicht war es Michael Jordan ein kleiner Trost, daß seine Kollegen aus Fleisch und Blut ebenfalls so ihre Schwierigkeiten mit dieser Arbeitsweise hatten: Immerhin unterzogen sich auch einige von Jordans NBA-Kollegen – darunter Top-Stars der Liga wie Charles Barkley oder Larry Bird – der eigenartigen Prozedur. Und selbst Hollywood-Star Bill Murray *(Ghostbusters)* gab ein Gastspiel vor der grünen Wand. Weitere Prominenz kam später ins

Spiel: Zur Synchronisation der Trickfiguren wurden diesmal nicht nur erfahrene Synchronsprecher engagiert – dem Anführer der Außerirdischen lieh zum Beispiel Hollywoods Starkomiker Danny de Vito seine Stimme.

Während Michael Jordan in Studio 22 über das Parkett wirbelte und Körbe warf, schufteten zahlreiche Zeichner und Trickfilmprofis an den Cartoon-Szenen und programmierten im Computer spektakuläre Spezialeffekte. Warner hatte für die gezeichneten Sequenzen eigens eine neue Animationsabteilung gegründet, und per Glasfaserkabel wurden Daten zwischen Hollywood, Ohio, Kanada und London übermittelt, weil die an der Produktion beteiligten Spezialisten zum Teil über halb Nordamerika verstreut, zum Teil aber auch in Großbritannien arbeiteten.

An der Entstehung von *Space Jam* zeigt sich wieder einmal, wie kompliziert es ist, einen unterhaltsamen Film nach dem neuesten Stand der Technik zu drehen. Dem fertigen Produkt allerdings sieht man die komplizierte Entstehung nicht an: Jede Szene wirkt locker und wie eben mal kurz eingespielt – sofern man an die wirkliche Existenz von Zeichentrickfiguren glaubt... Doch das fällt im Kino natürlich leichter. Vor allem, wenn man sieht, wie Schauspieler Wayne Knight in der Rolle von Michael Jordans persönlichem PR-Assistenten Stan Podolak plötzlich wie zu einem Ballon aufgeblasen wird. Wie das möglich ist? Mit digitaler Technik verhältnismäßig einfach: Von Knight wurde zunächst ein dreidimensionaler Scan gemacht – solche Geräte ähneln einem Computertomographen, tasten dreidimensionale Objekte ab und übersetzen die so gewonnenen Daten in ein dreidimensionales Computerbild. Dieses Bild kann nun beliebig verändert werden und wirkt doch echt – ohne daß Wayne Knight dafür gequält werden mußte...

Die Story des Films

Space Jam knüpft an jenen Augenblick in Michael Jordans außergewöhnlicher Sportkarriere an, in dem er seine Karriere als Basketballer (zum Glück nur vorübergehend) beendet, um sich im Baseball-Sport zu versuchen. In der Realität machte Jordan keine schlechte Figur – in *Space Jam* stellt er sich dagegen denkbar ungeschickt an, und auch in der Freizeit widmet er sich einem Sport, den er nur mäßig beherrscht: Mit seinen Freunden Bill Murray und Larry Bird ist Michael Jordan gerade beim Golfspielen. Als er abschlägt, scheint er heilfroh, daß der Ball wenigstens bis auf einige Meter in die Nähe des 16. Lochs kullert – doch plötzlich gehen seltsame Dinge auf dem Golfplatz vor sich: Der Ball rollt auf einmal immer schneller über das Grün und landet schließlich schnurstracks im Ziel. Während sich der über den unerwarteten Volltreffer erstaunte Jordan über das Loch bückt, um den Ball wieder herauszuholen, wird er von einer Hand gepackt und durch das Loch gezogen – in das unterirdische Reich der Cartoon-Figuren, in die Heimat der Looney Toons. Dort steht Michael Jordan nun seinem alten Freund Bugs Bunny gegenüber, und der schildert Jordan die verzweifelte Lage, in der sich seine Trick-Kollegen und er befinden. Von einigen fiesen Aliens eines fernen Planeten sollen Bugs, Tweety, Sylvester, der Kojote, Road Runner und all die anderen entführt werden, um als neue Attraktion in deren schlecht laufendem Freizeitpark Moron Mountain für steigende Umsätze zu sorgen. Zunächst konnte der clevere Bugs den Außerirdischen noch das Versprechen abluchsen, daß die Looney Toons in einem Wettbewerb der eigenen Wahl mit den Aliens um ihre Freiheit spielen dürfen – und natürlich wählte Bugs Bunny seinen Lieblingssport Basketball. Dumm nur, daß

Der »beste Spieler« der Chicago Bulls bei der Meisterschaftsfeier am 16. 6. 97 im Grant Park von Chicago. © dpa/Zentralbild

BULLS
23

Auch Mourning und Brown von Miami Heat können »Air« Jordan nicht daran hindern, allein 37 Punkte zum Gewinn der Bulls beizutragen.
© dpa/Zentralbild

oben: Michael Jordan auf einer Pressekonferenz in Paris im Oktober 1997.
© dpa/Zentralbild

unten: ©Sportimage/Sports Gallery

© Sportimage/David Kyle

Mit dem Dream Team zum großen Erfolg: die Goldmedaille bei den Olympischen Spielen in Atlanta. © Sportimage/Presse Sports

BULLS
23

die Außerirdischen nicht ganz fair vorgingen: Sie beobachteten einige NBA-Stars wie Charles Barkley und Patrick Ewing, saugten ihnen ihr Talent aus – und während sich die amerikanischen Sportfans wunderten, warum ihre Idole plötzlich völlig orientierungslos über das Parkett tapsten, wurden aus den hinterhältigen Außerirdischen plötzlich drei Meter große Basketball-Artisten. Kurz und gut: Bugs Bunny & Co. brauchen dringend Hilfe von dem einzigen Superstar des Basketball, der sein Talent noch nicht verloren hat: Michael Jordan.

Zunächst zögert er, doch als er die fiesen Aliens kennenlernt und sich die baumhohen Außerirdischen vor seinen Augen sogar am winzigen Küken Tweety vergreifen, sagt »Air« seine Hilfe zu. Aber schon im Training sieht er, worauf er sich da eingelassen hat: Die Looney Toons sind vielleicht Meister der Cartoon-Komik – vom Basketball haben sie dagegen nur eine vage Ahnung. Wenigstens einen Lichtblick gibt es jedoch im Team der Trickfiguren: Lola Bunny, eine fesche Häsin, die Warners Zeichner eigens für den Film *Space Jam* erfunden haben. Als sie den überforderten Jungs ihre Hilfe anbietet, geben sich die chancenlosen Amateure erst einmal arrogant und lachen sie aus – bis sie Bugs schwindlig gedribbelt und einen Ball elegant im Korb versenkt hat. Doch so ganz über ihren Macho-Schatten können die Cartoon-Figuren doch nicht springen: Lola wird nicht in die Anfangs-Fünf aufgenommen.

So beginnt das entscheidende Spiel gegen die Monstars, wie sich die Aliens auf dem Parkett nennen, wenig erfolgversprechend. Bugs und seine Freunde können nur entgeistert zusehen, wie ihnen die Außerirdischen die Bälle zwischen den Beinen hindurchspielen – und die erste Halbzeit endet katastrophal mit 18:64. Sind die Looney Toons nun verloren, trotz Michael Jordan, der sich allein nicht gegen die drohende Niederlage stemmen kann? Da belauscht Stan, den es kurz nach seinem Chef Michael ebenfalls in die Cartoon-Welt verschlagen hat, die Monstars – und als er Bugs Bunnys Team verraten kann, auf welch gemeine Weise die Aliens zu ihren beeindruckenden Basketball-Fähigkeiten kamen, wird Michael Jordan klar, worum es in diesem Spiel wirklich geht: Nicht nur Bugs und seine Freunde würden nach einer Niederlage für alle Zeiten von der Erde verschwinden – auch die NBA wäre ohne das Talent ihrer größten Stars verloren.

Angeführt von Michael und verstärkt durch die nun ebenfalls auf dem Feld stehende Lola Bunny sowie den neuen Coach Bill Murray mobilisieren auch die gezeichneten Helden ihre letzten Reserven und bedrängen die Monstars, daß nun denen Hören und Sehen vergeht. Korb um Korb kommen sie den Gegnern näher, und als schließlich Michael Jordan praktisch in letzter Sekunde den Siegpunkt erzielt, ist der Jubel unbeschreiblich. Danach führt die Story des Films den Basketballstar in die Realität zurück: Er ist mit den Birmingham Barons im Baseball erfolgreich und erklärt anschließend den staunenden Fans, daß er seine unterbrochene Karriere als Basketball-Spieler fortsetzen wolle.

Jordans Manager David Falk als Initiator und Mit-Produzent von *Space Jam* hatte gleich mehrere Fliegen mit einer Klappe geschlagen. Der Film bescherte ihm und seinem Mandanten ein paar Dollarbündel extra, er machte Michael noch populärer, präsentierte ihn unter anderem als selbstlosen Retter der NBA – und er vermarktete gekonnt die spektakuläre Rückkehr des Sportlers ins Profilager. Und natürlich erwies sich David Falk auch im Sinne seiner eigenen Karriere als gewitzter Geschäftsmann: Neben Michael Jordan waren auch andere Klienten seiner Sportagentur FAME auf der Besetzungsliste von *Space Jam* vertreten – unter anderem dribbelten auch Patrick Ewing und Shawn Bradley vor der Kamera.

Pressekonferenz Michael Jordans zu *Space Jam*

Die Tatsache, daß sich der Basketball-Superstar als Hauptdarsteller einer Hollywood-Komödie auf die Leinwand traute und dabei obendrein noch eine gute Figur machte, erregte natürlich das Interesse der Medien. Entsprechend dicht besetzt war dann auch jener Raum, in dem Michael Jordan vor dem Filmstart von *Space Jam* die folgende Pressekonferenz abhielt.

Stellt Space Jam *für Sie den Beginn einer Karriere als Schauspieler dar?*

Darüber habe ich mir eigentlich noch keine Gedanken gemacht. Ich weiß es nicht. Es war einfach eine Möglichkeit, die sich mir bot, und es hat mir großen Spaß gemacht. Aber ob daraus eine ganz neue Karriere wird, wäre wohl etwas vorschnell gesagt. Im Moment sehe ich es eher als Hobby denn als neue Karriere.

Wie gelang es Warner, Sie für die Rolle zu gewinnen?

Für mich war es eine Chance, etwas zu tun, wozu ich noch nie die Gelegenheit hatte. Nämlich in einen Film zu spielen. Anfangs zögerte ich, doch dann wurde mir klar, was mir da eigentlich angeboten wurde: Ich spielte mich selbst, ich spielte zusammen mit den Looney Toones, ich spielte unter der Regie von Joe Pytka, mit Ivan Reitman als Produzenten ... und ich dachte: Klar, machst du das! Versuch es, finde raus, wie du damit zurecht kommst. Wenn es nicht hinhaut, Pech gehabt. Zumindest war mir ja überhaupt erst mal die Gelegenheit geboten worden, in diesem Metier Erfahrungen zu sammeln.

Mr. Jordan, im Film sind Sie ein »good sport«, ein prima Kerl. Es muß doch ziemlich komisch gewesen sein, nur einer von zwei Personen aus Fleisch und Blut zu sein?

Am wohlsten fühlte ich mich in den Basketball-Szenen. Und ich verließ mich sehr auf die Anregungen und Tips von Joe Pytka und Ivan Reitman. Es gab da einige tolle Situationen, in denen ich entspannt war. Es war wirklich ein tolle Erfahrung.

Wenn Sie mit den Zeichentrickfiguren redeten, stand an ihrer Stelle dann jemand, mit dem Sie gesprochen haben?

Ja, dafür hatten wir in grün gekleidete Schauspieler. Bei den Dialogen halfen sie mir, die richtige Augenhöhe einzuhalten und den Sprachrhythmus zu finden, was ja schwierig ist, wenn man da ganz alleine steht.

Konnten Sie auch etwas von Ihren Erfahrungen ins Drehbuch einfließen lassen?

Ja, zum Teil schon. Manches bezog sich direkt auf Dinge, die in meinem Leben passiert sind, angefangen vom kleinen Jungen, der mit seinem Vater Basketball spielt. Ebenso was die ganze Choreographie des Basketballs anbelangt, die Bewegungen, die Spielzüge. Man ließ mir wirklich die Freiheit, ich zu sein, Dinge zu sagen, bei denen ich mich auch wohlfühlte. Dadurch kam ich viel entspannter durch die Drehtage.

Waren Sie eigentlich am ersten Drehtag nervös? Und mit welchen Techniken haben Sie gearbeitet, um so locker und natürlich zu wirken, wie Ihnen das gelungen ist?

Nein, beim Drehen war ich gar nicht nervös. Hinterher,

als sich andere Leute meine Arbeit anschauten, da schon. Ich wußte halt einfach nicht, ob ich es richtig gemacht habe. Aber Joe Pytka und Ivan erklärten mir, wonach sie suchten, und ich bin recht gut darin, Dinge nachzumachen, die ich sehe. Das hat die Sache natürlich sehr erleichtert. Aber sonst hatte ich vor der Kamera keine Probleme.

Wie gefällt Ihnen der Soundtrack? Haben Sie ein Lieblingsstück?

Als ich gestern vom Spiel nach Hause kam, habe ich mir die Musik angehört. »Monstars Rap« dudelte dann die ganze Nacht. Und »I Believe I Can Fly« von R. Kelly finde ich auch toll. Aber auf dem Soundtrack ist eigentlich für jeden Geschmack etwas dabei.

Wie haben denn Ihre Kinder reagiert, als Sie ihnen erzählt haben, Sie würden mit Daffy Duck und Bugs Bunny zusammenspielen?

Na, die fanden das natürlich klasse. Sie haben mich einige Male einen ganzen Tag lang auf dem Set besucht, zufälligerweise gerade, als die Szenen mit mir und meinen Filmkindern gedreht wurden. Als ich abends nach Hause kam, war die Aufregung natürlich groß: Meine Kinder versicherten mir, daß sie das auch spielen könnten, wenn man ihnen die Chance gäbe. Ich fand das sehr süß von ihnen. Aber sie sind viel zu kamerascheu dafür. Außerdem sollen sie nicht im Rampenlicht stehen müssen, sondern auch ein Privatleben führen können. Aber die Schauspieler, also die Kids, waren sehr nett und geduldig, und sie ähnelten meinen Kindern auch sehr, zumindest fand ich das. Meine richtigen Kinder fanden die ganze Sache super, und ich empfand es als Privileg, etwas zu tun, an dem sie ihre Freude haben. Sie haben den Film noch nicht gesehen, genauso wenig wie ich, und Sie können sich sicher vorstellen, wie gespannt sie darauf sind.

Waren Sie früher auch ein Fan der Looney Toones?

Schon als Kind habe ich Cartoons geliebt. Am Samstagmorgen habe ich mir immer die Cartoons im Fernsehen angeschaut... und daran kann ich mich noch gut erinnern, nicht aufstehen müssen, nicht zur Schule gehen müssen. Und heute als Vater schaue ich wieder Cartoons. Ja, ich würde mich wohl als Cartoonfan bezeichnen, besonders von Bugs und einigen der anderen Charaktere. Und das hat mir natürlich auch die Arbeit an diesem Projekt sehr erleichtert.

Was gefällt Ihnen denn an Bugs?

Wir haben einige Dinge gemeinsam. Andere Leute zum Beispiel sind vor mir beziehungsweise meinen Späßen nie sicher. Ich nehme Leute gern auf den Arm. Ich bin ein heiterer, unbekümmerter Typ, und irgendwie habe ich immer Erfolg bei allem, was ich anfasse, selbst den unterschiedlichsten Dingen. Ich habe sogar Erfolg, wenn ich versage! Zuerst empfinde ich das so. Und Bugs ist genauso. Außerdem mag ihn jeder, zumindest ich kenne wenige Menschen, die ihn nicht mögen.

Hat er Ihnen denn ein paar Tips gegeben? Er ist ja immerhin ein alter Hase im Geschäft!

Tja, Bugs war leider nie da! Ich war meistens mit meinem Text allein, und er kam erst später. Aber von anderen Schauspielern, die mich auf dem Set besucht haben, habe ich reichlich Tips bekommen. Warner Bros. hat für mich eine Basketballtrainingsanlage gebaut, direkt am Parkplatz des Sets. Viele Schauspieler kamen abends vorbei und sahen uns beim Spielen zu. Dabei kriegte ich unzählige Tips. Ich spürte ihre Unterstützung, und das war ein angenehmes Gefühl. Es gab mir sehr viel Selbstvertrauen.

Gab es Parallelen zwischen Ihrem Können als Basketballstar und der Schauspielerei?

Durchaus. Basketballspieler haben ein Gespür für Entertainment. Die Leute zu unterhalten, das ist bis zu einem gewissen Grade unser Job. Auf dem Court liefern wir den Leuten eine Show und wollen das Publikum unterhalten. Der Unterschied liegt darin, daß viel von dem, was ich tue und was wir tun, rein instinktiv passiert. In der Schauspielerei gibt es da Vorgaben.

Sie tragen immer die gleichen Shorts unter Ihrem Trikot. Hatten Sie Ihren Glücksbringer auch während der Dreharbeiten an?

Natürlich, ich trage sie immer.

Auch jetzt?

Ja. Allerdings müssen Sie mir das schon glauben, denn zeigen werde ich sie nicht!

Sie sind für Kids auf der ganzen Welt ein Vorbild. Suchen Sie auch entsprechend Ihre Rolle aus... ob ein Film auch für Kinder und Jugendliche gut geeignet ist?

Na ja, bis jetzt habe ich erst einen Film gemacht! Und die Rolle habe ich natürlich hauptsächlich aus dem Grund genommen, weil ich mich selbst spielen konnte. Ähnlich den Werbespots, in denen ich in der Vergangenheit aufgetreten bin. Neulich habe ich das auch einigen Autoren und Journalisten gesagt, daß ich mich einfach nicht als Bösewicht vorstellen kann. Dafür lächele ich schlichtweg zuviel. Oder als fiesen, schwierigen Charakter, denn dafür komme ich mit anderen Menschen zu gut klar! Und solche Erwägungen würden sicherlich auch bei zukünftigen Rollen mit einfließen.

Sie sind auf der ganzen Welt bekannt, sind ein Publikumsmagnet. Gibt es eigentlich Tage, an denen Sie morgens aufwachen und sich fragen: »Ist das wirklich mein Leben?«

Heute früh zum Beispiel! Ja, natürlich. Oft sogar. Ich kann es wirklich oft selbst nicht begreifen, wieviel Respekt und Bewunderung mir in dieser kurzen Zeit, seitdem ich bekannt geworden bin, zuteil geworden ist. Vor zwölf Jahren habe ich das College verlassen, und in diesen letzten Jahren ist unglaublich viel in meinem Leben passiert. Manche Dinge kann man nicht begreifen, sondern muß sie einfach nur akzeptieren. Und ich wüßte auch nicht zu sagen, wieso mein Leben sich so entwickelt hat. Aber man akzeptiert die Situation und sagt sich: »Hey, ich bin froh, daß es so gekommen ist. Mir ist es viel lieber, wenn die Leute mich mögen, als daß sie mich hassen.« Man versucht, sich davon nicht beeinflussen zu lassen. Und ich glaube, ich habe mich seit meinen Collegetagen nicht wirklich verändert. Natürlich hat sich meine materielle Lage verändert, aber ich selbst eigentlich nicht.

Haben Sie Lieblingsschauspieler? Sie haben erwähnt, daß Ihnen einige Schauspieler Tips gegeben haben. Wer sind Ihre persönlichen Favoriten?

Sidney Poitier. Ich habe ihn schon als Kind gesehen. Er ist mit Abstand mein Lieblingsschauspieler. Dann Bill Cosby. Ich mochte *Auf der Flucht* sehr gerne, bin Harrison-Ford-Fan, schätze Gene Hackman, alles sehr vielseitige Schauspieler, die so viele Rollen spielen können. Denzel Washington! Ich bin ein ziemlicher Filmnarr. Am liebsten mag ich Krimis, da kann ich den ganzen Film über versuchen, den

Mörder zu finden. Aber Komödien mag ich ebenso, überhaupt Unterhaltung im allgemeinen. Sonst würde ich so etwas ja überhaupt nicht spielen. Und natürlich will ich etwas lernen. Ich sehe mich nicht als guten oder als bedeutenden Schauspieler, sondern ich lerne gerade das Schauspielern. Und in diesem Geschäft kann man unglaublich viel lernen. Dazu bin ich mehr als bereit – allerdings möchte ich das Tempo selbst bestimmen können.

Und Schauspielerinnen?

Ich mochte immer schon Cicely Tyson, auch schon als Kind. Bei den jüngeren Schauspielerinnen wäre es Sandra Bullock. Ich mag ihre Filme. Und Jane Seymour habe ich wirklich geliebt – ihre Filme, wollte ich damit sagen.

Welche Szene in Space Jam *fiel Ihnen am schwersten?*

Eigentlich die Szenen mit den Looney Toones. Die Live Action war verhältnismäßig einfach. Wenn ich mit Bill Murray drehte, Wayne Knight oder einigen anderen Schauspielern, entwickelte sich eine Art Rhythmus, eine Kontinuität. Aber wenn man ganz allein spielt, muß man sich auf das verlassen, was der Regisseur sieht, oder auch Ivan Reitman, und es in dieser Richtung einfach laufenlassen. Die Sequenz im Zahnarztstuhl beispielsweise, die Animationsbewegungen, wie ich herumschreie, meine Augen aufreiße und so weiter – das war wirklich schwierig. In der Situation habe ich sehr aufmerksam zugehört und hatte einfach das Vertrauen in die anderen und deren Meinung.

Michael, Sie haben immer wieder gesagt, daß Ihr Vater für Sie in der letzten Saison eine ganz wichtige Motivationsquelle war. Wie sieht es in dieser Saison aus? Und wie lange, glauben Sie, werden Sie noch spielen?

Ich weiß es nicht. Ich liebe Basketball. Und ich kann auf

diesem Niveau immer noch mithalten, auch wenn es genug Leute gibt, die behaupten, ich könnte nicht mehr so hoch springen. Aber ich werde immer noch von mindestens zwei Mann gedeckt, oft auch von drei gegnerischen Spielern. Irgendwas scheine ich also richtig zu machen! Und solange ich diese Aufmerksamkeit habe und so gefährlich bin, werde ich weiter spielen. Ich weiß, daß mein Vater es am liebsten hätte, daß ich spiele, solange ich mir etwas beweisen muß, solange es mich herausfordert. Und so sehe ich es auch. Ich habe einen Jahresvertrag abgeschlossen, damit ich mich am Ende jeder Saison nach eingehenden Überlegungen entscheiden kann. Das heißt aber nicht, daß meine Karriere nach einem Jahr vorbei ist. Ich wäge einfach nur die Möglichkeiten ab, die ich habe, so wie das jeder andere auch tun würde.

Sie erwähnten vorhin, daß dieser Film für alle Altersgruppen gemacht ist. Sie sprachen auch über Ihre Kinder. Sie engagieren sich sehr für Kinder und können gut mit ihnen kommunizieren. Was bedeutet Ihnen diese Fähigkeit?

Ich glaube, der Grund, daß ich hier vor Ihnen sitze, die Sie ja teilweise auch Eltern sind, der Grund für den Respekt und die Bewunderung, die mir zuteil werden, ist wegen der Kids und meinem Verhältnis zu ihnen. Ich verstehe sie, würde ich behaupten. Und Kinder spüren instinktiv, was falsch und was echt ist. Ihnen kann man nichts vormachen. Ich habe Kinder immer ernst genommen und fühle mich verpflichtet, ihnen zu helfen. Und wenn ich einem Kind helfen kann, tut mir das selber auch gut. Das hat mit PR nichts zu tun, das muß eigentlich überhaupt niemand wissen; solange ich selbst ein gutes Gefühl bei der Sache habe, reicht mir das. Jedenfalls verdanke ich ihnen viel und fühle auch eine Verpflichtung, den Respekt, den sie mir entgegenbringen, zurückzugeben.

Welche Botschaft möchten Sie besonders an junge Leute rüberbringen?

Keine Angst davor zu haben, etwas auszuprobieren. Keine Angst vor der Blamage zu haben, wenn etwas schiefläuft, wenn man Fehler macht. Wir machen alle Fehler. Der einzige wirkliche Fehler ist, nicht zu versuchen, seine Träume und Ziele zu realisieren. Nehmen Sie meine Baseball-Versuche. Die sind ja von vielen Leuten als Niederlage, als Fehlschlag gesehen worden. Wir machen darüber auch im Film unsere Witze. Aber ich hatte keine Angst, etwas auszuprobieren, was mir wirklich Spaß macht. So war es in gewisser Weise durchaus eine erfolgreiche Sache. Ich habe zwar keine 50 Homeruns geschafft. Ich habe Baseball nicht so gespielt, wie ich Basketball spiele, und das hatten die Leute wohl erwartet. Aber ich habe viel über diesen Sport und die dahinterstehende Organisation gelernt. Und ich hatte keine Angst, etwas Neues zu versuchen. Das bedeutet Erfolg für mich. Und das möchte ich auch jungen Menschen mitgeben. Habe keine Angst davor, Drogen abzulehnen, die Dir Deine Clique aufdrängen will. Oder andere Dinge, bei denen Du Dich unwohl fühlst. Steh zu deiner Entscheidung. Und mach Dir keine Sorgen über die möglichen Auswirkungen.

Sehen Sie Ähnlichkeiten zwischen der Zusammenarbeit mit Cartoon-Charakteren und Ihrer Zusammenarbeit mit dem cartoonähnlichen Dennis Rodman?

Tja, was den Unterhaltungswert anbelangt, sind sie wohl sehr ähnlich (Gelächter). Sie haben ihre besonderen Fans, die es toll finden, was sie tun, die es auch respektieren. Ich wußte, was ich von ihnen zu erwarten hatte. Aber bei Dennis... außerhalb des Platzes weiß ich nie, was ich von ihm zu erwarten habe. Aber das soll auch nicht meine Sorge sein.

Ich respektiere seine Leistung beim Spiel, wenn wir als Team auftreten und alles versuchen, den Sieg zu erringen. Aber wenn er nach New York fährt, sich dort im Hochzeitskleid überall sehen läßt... Da habe ich doch über meine Cartoon-Charaktere etwas mehr Kontrolle als über Dennis, wenn er nicht spielt. Ich hoffe, das beantwortet Ihre Frage.

Sicherlich wird es zu diesem Film viele Merchandisingprodukte geben. Haben Sie darauf einen Einfluß gehabt?

Natürlich mußte meine Zustimmung eingeholt werden, was die Ähnlichkeit anbelangt. Das ist mir auch sehr wichtig. Wenn es um mein Konterfei geht, möchte ich immer gefragt werden.

Welchen der Schauspieler, mit denen Sie Basketball gespielt haben, halten Sie für den besten?

Mhm. Gute Frage. Ich habe mit Dean Cain und Damon Wayans gespielt. Damon ist fanatisch, was Basketball angeht, und er ist gar nicht schlecht. Wenn er in seiner Jugend viel in Basketballcamps gewesen wäre und an sich gearbeitet hätte, wäre er ein sehr ordentlicher Spieler geworden. Bill Murray hat eigentlich auch ziemlich viel drauf... aber ich will ihn nicht zu sehr loben, denn er glaubt ja jetzt schon, in die NBA zu gehören! Aber Damon war von allen Schauspielern wohl der beste.

Sie erwähnten vorhin schon die geschäftliche Seite des Lebens nach Basketball, aber wie sieht es mit der gefühlsmäßigen Seite aus? Sind Sie schon bereit, sich etwas aus der Öffentlichkeit zurückzuziehen und sich anderen Dingen zuzuwenden?

Natürlich. Mich interessieren viele Dinge, die ich wegen meiner Basketballkarriere und meinem Bekanntheitsgrad einfach nicht machen konnte. Als ich zum ersten Mal aufhörte, habe ich mit dem Skifahren angefangen. In Aspen sauste ich mit meiner Skimaske die Anfängerhügel herunter, und die kleinen Steppkes überholten mich rechts und links. Da wurde mein Ehrgeiz geweckt! Aber wenn ich mal nicht mehr im Rampenlicht stehe, wären es Dinge wie ins Kino gehen, einkaufen gehen, mit den Kindern im Park spielen, ohne daß einen die Leute einkreisen und bedrängen, weil sie Autogramme wollen. Ich weiß nicht, ob es je soweit kommen wird, daß mich niemand mehr erkennt, aber sicherlich kann ich für mich und meine Familie eine größere Privatsphäre schaffen, als wir sie in den letzten 12, 13 Jahren hatten.

Welchen Rat würden Sie einem Zehnjährigen geben, der um jeden Preis wie Michael sein will?

Wenn mir Kids sagen, daß sie wie Mike sein wollen, sage ich immer: »Sei besser als Mike!« Man muß sich hohe Ziele stecken, sie versuchen zu erreichen und Spaß daran haben. Es hat keinen Sinn, den Zielen hinterherzujagen. Ich habe gelernt, daß Erfolg nicht etwas ist, dem man hinterher jagt und ihn einfängt. Das sage ich auch den Kids. Erfolg hat man, wenn man gute Arbeit leistet. Und weiß, wie man damit umgeht.

Der Erfolg des Films

Die Mischung aus komischen Cartoons und spektakulären Basketball-Szenen kam an bei den Fans. Sogar einige Kritiker zeigten sich begeistert. »Alles in allem«, zog die sonst eher kritische deutsche Fachzeitschrift *Blickpunkt: Film* das Fazit, »ein gelungener, kurzweiliger Spaß für die ganze

Familie, in der sich atemberaubende visuelle Effekte, liebenswerte Protagonisten, körbeweise kinderstubenreiner Humor, ein fetziger Soundtrack und eine wohlmeinende Message zu einem gigantischen Slam Dunk vereinen«. Und *Cinema* urteilte: »Die Begegnungen der drei- und zweidimensionalen Welten sind technische Meisterwerke und seit *Roger Rabbit* nicht besser in Szene gesetzt worden. *Space Jam* bietet, trotz der simplen Story, perfekte Unterhaltung auch für Basketball-Banausen.«

90 Millionen Dollar spielte *Space Jam* allein an den amerikanischen Kinokassen ein, und der Film eroberte auf Anhieb Platz eins der US-Kinohitparade. Auch in Deutschland konnten sich die Erfolge sehen lassen: Die Soundtrack-CD (mit Songs von R. Kelly, Coolio, LL Cool J und vielen anderen Stars der HipHop-Szene) wurde rund eine Viertelmillion Mal verkauft, der Film selbst kam mit etwa 2,4 Millionen Zuschauern auf Platz eins der Kinocharts, und eine Umfrage des Marktforschungsinstituts Infratest ergab, daß 99 Prozent aller 14- bis 19jährigen den Film gesehen oder von ihm gehört hatten.

Am 14. August 1997 wurde *Space Jam* in Deutschland als Videokassette veröffentlicht – und die Verleihfirma witterte offenbar erneut ein gutes Geschäft. Deshalb rührte Warner Home Video noch einmal die Werbetrommel. Der Verleih gab Millionen für eine umfangreiche TV-Werbekampagne aus und ließ die Spots kurz vor dem Weihnachtsgeschäft erneut über die Mattscheiben flimmern. In großen Zeitschriften wie *Cinema* und *TV Spielfilm* wurden *Space-Jam*-Gewinnspiele veranstaltet, und auch auf anderen Wegen wurde dafür gesorgt, daß niemand den Videostart verpaßte.

Auf Videokassetten mit Filmhits wie der Science-fiction-

Parodie *Mars Attacks!* oder dem Schwarzenegger-Thriller *Eraser* waren vor dem eigentlichen Streifen Werbeclips zu sehen – unter anderem von *Space Jam;*

- derjenige, der damals eine von 200 000 frisch ausgelieferten Video-Leerkassetten des Herstellers Fuji kaufte, erlebte eine Überraschung – denn als kleinen Bonus enthielt die »leere« Kassette die Hintergrund-Reportage »The Making Of Space Jam«;

- der Erlebnispark »Warner Brothers Movie World« in Bottrop-Kirchhellen nahm Veranstaltungen und Attraktionen rund um das Thema »Space Jam« ins Programm;

- und schließlich wurde die Basketball-Showtruppe der Harlem Globetrotters für einige Auftritte in Europa engagiert. Sie sollte ebenfalls das Interesse an der Basketball-Komödie anheizen. Der einzige Auftritt in Deutschland – mit eigens einberufener Pressekonferenz und einem witzigen »Showdown« zwischen den Globetrotters und einigen als Bugs Bunny & Co verkleideten Hobby-Spielern – fand auch in der »Movie World« in Bottrop statt. Der Aufwand lohnte sich: *Space Jam* wurde auf Video noch einmal ein großer Erfolg.

Weitere Filmpläne

»Nein«, antwortete Michael Jordan nach seinem letzten Drehtag zu *Space Jam* auf die Frage, ob er nun weitere Auftritte als Schauspieler plane. »Ich bin neugierig und wollte wissen, ob ich schauspielern kann. Es hat sogar ganz gut geklappt. Ich sammle, wie gesagt, Erfahrungen, und jetzt habe ich eben auch eine Filmerfahrung. Warum sollte ich noch eine machen?« Gute Frage – aber offenbar hatte Michael Jordan an der Arbeit vor der Kamera Gefallen gefunden. Im Dezember 1996 machten Meldungen über weitere Filmpläne des Superstars die Runde. Er und die Filmproduktionsfirma Warner – mit deren Geldern war schon *Space Jam* entstanden – hatten sich demnach darauf geeinigt, einen zweiten Kinofilm zu drehen. Der Arbeitstitel des Streifens lautete *What's Up, Bugs?*. Auch diese Komödie sollte eine Mischung aus Real- und Zeichentrickfilm werden – allerdings hatte Michael Jordan wohl darauf bestanden, daß zumindest die Hauptrolle diesmal mit einem Schauspieler aus Fleisch und Blut statt eines gezeichneten Helden besetzt würde. Bald wurden erste Namen gehandelt, doch zumindest stand fest, daß die Produzenten Jordan einen namhaften Action-Star zur Seite stellen wollten.

Zurück auf dem Parkett

Nach dem Gewinn der Meisterschaft lagen die Spieler der Bulls und ihre Fans zunächst im Freudentaumel. Bilder von ausgelassen feiernden Spielern machten die Runde. Noch am Abend des Triumphs zeigten sich die Athleten mit riesigen Zigarren, die sie mit vor Glück glänzenden Augen pafften. Doch hinter den Kulissen bereiteten Vereinschef Jerry Reinsdorf und Manager Jerry Krause bereits tiefgreifende Veränderungen der Mannschaft vor.

Wie diese Veränderungen aussehen mochten, sickerte schon in den Wochen vor dem letzten Finalspiel der Saison durch: Trainer Phil Jackson sollte gehen, und Jordans Freund und Mitspieler Scottie Pippen würde wie einige andere Mannschaftsmitglieder, durch einen jüngeren Spieler ersetzt werden. Zwar wäre auch das umgestaltete Team mehr oder weniger auf Michael Jordan zugeschnitten – denn nicht zuletzt der Ruhm ihres Superstars bescherte den Chicago Bulls traumhafte Besucherzahlen, und dessen nach wie vor überragendes Talent führte die Mannschaft immer wieder zu neuen Erfolgen.

Doch Michael Jordan reagierte sehr empfindlich, als er von den geplanten Änderungen erfuhr – er wußte schließlich nur zu gut, daß er zwar ein exzellenter Spieler war, daß er aber ohne Unterstützung der richtigen Leute nicht all seine Fähigkeiten voll würde entfalten können. Und so wurde »His Airness« nicht müde, in Interviews immer wieder zu betonen, wie wichtig das »magische Dreieck« der Bulls für die Erfolge der Mannschaft und für seine eigene

Karriere sei. »Ich glaube an unser magisches Dreieck«, beschwor er das Erfolgstrio Phil Jackson/Scottie Pippen/Michael Jordan, und er befürchtete: »Wenn man es zerbricht, ist es für immer verloren.«

Da der im Verein eigentlich allgewaltige Reinsdorf und sein ebenso durchsetzungsfähiger Manager Krause aber genau das geplant hatten, war klar, daß die vorgesehene Neuformierung der Chicago Bulls auf eine Konfrontation der Macher mit ihrem Superstar hinauslaufen würde. Tatsächlich demonstrierte Jordan gleich nach dem gewonnenen letzten Finalspiel mit einer innigen Umarmung vor laufenden Kameras seine Verbundenheit mit Trainer Phil Jackson, und kurz darauf wurde er noch deutlicher und stellte klar: »Ohne Phil kein Michael, ohne Scottie kein Michael.«

So drohte die Saison 1996/97, die Michael Jordan mit dem erneuten Gewinn der NBA-Meisterschaft ein triumphales Comeback nach seinem Rücktritt vom Rücktritt beschert hatte, nicht die Fortsetzung einer imposanten Karriere zu werden, sondern deren neuerliches Ende zu bedeuten. Warum ihm die Zusammenarbeit mit Jackson und Pippen so wichtig war, daß er für ihr Bleiben bei den Bulls sogar seinen eigenen Vertrag aufs Spiel setzte, erklärte er in einem Interview so: »Unsere Verbindung ist langsam gewachsen, und jetzt ist es für mich zu spät, etwas Neues aufzubauen. Aber vielleicht muß das alles so sein.«

Durch die klare Stellungnahme ihres Top-Spielers waren Reinsdorf und Krause in der Klemme. Zum einen wollten sie unbedingt den Grundstein für künftige Erfolge legen – und dazu war es eben auch notwendig, unpopuläre Maßnahmen zu treffen, neue Spieler aufzubauen und die bisherigen Stars nach und nach zu ersetzen oder ersetzbar zu machen. Denn irgendwann – vielleicht tatsächlich schon,

wie angekündigt, nach Ende der Saison 1997/98 – würde auch Michael Jordan seine Basketball-Stiefel an den sprichwörtlichen Nagel hängen. Und dann würden sich Reinsdorf und Krause auch von eingefleischten Jordan-Fans vorwerfen lassen müssen, sich nicht rechtzeitig um geeignete Nachfolger bemüht zu haben. Zunächst allerdings – und das war die andere Seite der Medaille – herrschte Jordan noch unumstritten auf dem Spielfeld, und ohne sein Charisma, ohne seine Popularität, ohne ihn als Imageträger und Aushängeschild wäre ein Millionenunternehmen wie die Bulls nicht ohne Schwierigkeiten auf Gewinnkurs zu halten.

Fürs erste gewann Michael Jordan das Kräftemessen mit den Vereinsverantwortlichen: Pippen und Jackson durften bleiben, und Trainer Phil Jackson soll für die Saison 1997/98 sogar die stattliche Gage von sechs Millionen Dollar bekommen haben. Doch letztlich – wenn auch unter dem Strich mit einem Jahr Verspätung – hatten Reinsdorf und Krause die Oberhand behalten: Jacksons neuer Vertrag wurde nur für eine Saison abgeschlossen, danach plant der Trainer, zu den Los Angeles Lakers zu wechseln, wo er wahrscheinlich vor allem mit Shaquille O'Neal noch einmal einen Ausnahmespieler zum Superstar aufbauen will. Auch Scottie Pippens Vertrag läuft im Sommer 1998 aus – danach mag es ihm gelingen, einen neuen Vertrag auszuhandeln und spielerisch wie finanziell ein Stück weit aus dem übermächtigen Schatten Michael Jordans zu treten.

Doch selbst der Schatten Michael Jordans könnte, so schätzt er es selbst jedenfalls ein, nach dem Weggang seiner beiden wichtigsten Weggefährten weniger übermächtig werden. Und so spekulieren die Basketball-Fans in ganz Amerika, was im Sommer 1998 wohl alles passieren wird. Wird Michael Jordan tatsächlich, wie angekündigt, seine Profilaufbahn als Basketball-Spieler beenden? Wird er sich als zentrale Figur am Neuaufbau der Bulls beteiligen? Wird er auf den Trainerstuhl wechseln oder als Spielertrainer weitere Kapitel Basketball-Geschichte schreiben? Oder wird er womöglich seinem Mentor Phil Jackson nach Los Angeles folgen, dort mit Shaquille O'Neal ein neues »magisches Dreieck« bilden – und wird dann vielleicht auch Scottie Pippen der Versuchung nicht widerstehen können, mit O'Neal, Jackson und Jordan ein »magisches Viereck« ins Leben zu rufen?

Saison 1997/98 – der Abschied

Doch zuvor sollte Michael Jordan seine Abschiedstournee durch die Arenen der NBA-Clubs absolvieren – und folgendes Team sollte ihm helfen, seine voraussichtlich letzte Saison als Basketball-Profi mit einem Vereinserfolg zu krönen: Keith Booth, Randy Brown, Jud Buechler, Scott Burrell, Jason Caffey, Ron Harper, Steve Kerr, Joe Kleine, Tony Kukoc, Rusty LaRue, Luc Longley, Scottie Pippen, Bill Wennington und Dennis Rodman.

Rodman hat sich – neben Jordan und Pippen – zum dritten Star der Mannschaft gemausert. Er gilt als der Paradiesvogel unter den Basketball-Stars, und er schlachtet sein Image weidlich aus. Als Schauspieler verfügt Dennis Rodman (geboren am 13. Mai 1961) bereits über mehr Erfahrung als Superstar Michael Jordan: Während jener – von einigen Auftritten in Basketball- und Werbe-Videos abgesehen – bisher nur für die Komödie *Space Jam* vor die Kamera getreten war, hatte Rodman schon mit Whoopi Goldberg, Jean-Claude Van Damme, Mickey Rourke und Halle Berry gearbeitet. Und auch seine sonstigen Aktivitäten sind eines schrägen Typen durchaus würdig: Seine unter dem Titel *Bad As I Wanna Be* veröffentlichte Autobiographie – wie viele 37jährige bringen wohl schon ihre Lebensgeschichte zu Papier? – wurde ein Hit. Das Buch führte acht Wochen lang die Bestseller-Liste der *New York Times* an. Er war als Assistent von Star-Talkmaster Jay Leno im Fernsehen zu sehen, für MTV rief er 1996 seine eigene Show ins Leben *(The Dennis Rodman World Tour),* seine Werbekampagnen für Sportartikelfirmen und Fast-food-Restaurants erregten große Aufmerksamkeit. Doch auch sportlich hatte Rodman durchaus etwas zu bieten. Fünf Spielzeiten in Folge holte sich der Mann mit der Rückennummer 91 den Titel des besten Rebound-Spielers der NBA. 1986 war er aus dem College-Team der Southeastern Oklahoma State zu den Detroit Pistons gekommen, später wechselte er für kurze Zeit zu den San Antonio Spurs, und seit 1995 galt er als einer der Leistungsträger der Chicago Bulls. In der Saison 1997/98 zählte er in seiner elften NBA-Saison schon zu den Veteranen der Liga.

Zum Auftakt der NBA-Saison bereitete konservativeren Basketball-Fans eine Frage Kopfzerbrechen, die wohl auch in Deutschland – hier aber eher in einem Fußballspiel der ersten Bundesliga – für reichlich Gesprächsstoff sorgen würde: Unter den Schiedsrichtern für die Matches der am 31. Oktober 1997 beginnenden Spielzeit 1997/98 waren erstmals auch zwei Frauen aufgeführt – Denise Kantner und Violet Palmer. Die (männlichen) Basketball-Fanatiker diskutierten sich die Köpfe heiß darüber, ob die Frauen dem Job gewachsen seien, ob sie sich von den oft ein oder zwei Köpfe größeren Spielern einschüchtern lassen und damit der Autorität des Schiedsrichters schaden würden. Michael Jordan zuckte dazu nur mit den Schultern und meinte: »Es spielt doch keine Rolle, ob sie männlich oder weiblich sind, solange die Arbeit gut gemacht wird.«

Die Saison 1997/98, die mit großem Tamtam von vielen Medien als »Abschiedstournee« des Ausnahmespielers Michael Jordan inszeniert worden war, ging erfolgreich weiter – allerdings kamen die Erfolge für »Air« Jordan persönlich schneller als für das Team, die Chicago Bulls. Nach anfänglichen Schwierigkeiten konnte der amtierende NBA-Champion im Dezember 1997 seine Heimstärke allmählich wieder souverän wie gewohnt ausspielen. Die Phoenix Suns bezwang er mit 111:104 Punkten – und es war fast schon Ehrensache, daß Superstar Michael auch der beste Scorer seines Teams wurde: 31 Punkte machte allein »His Airness«. Zum Vergleich: Im selben Spiel feierte sein Mannschaftskamerad Toni Kukoc eine persönliche Saisonbestmarke – mit 23 Punkten ...

Wenige Wochen zuvor, im November 1997, hatte Jordan sogar einen noch größeren Kraftakt vollbracht. Die Chicago Bulls mußten in Los Angeles antreten – allerdings nicht bei den dortigen Lakers, sondern beim Team der Los Angeles Clippers. Die Chancen der Clippers, den renommierten Gegner vorzuführen, waren nicht schlecht – denn die Bulls hatten in der laufenden Saison noch kein einziges Mal ein Auswärtsspiel gewinnen können. Doch dann erlebten die Clippers ihr blaues Wunder: Sie waren vor eigenem Publikum zweimal am Rand der Sensation, zwangen die Bulls zweimal in die Verlängerung – doch am Ende triumphierte das Team der Stars. Und Michael Jordan hatte eine neue Rekordmarke übertroffen: Mit 49 Punkten schaffte er zum 150. Mal in seiner unglaublichen Karriere mehr als 40 Punkte in einem Spiel.

Doch Jordans Glanztaten waren auch bitter nötig. Ganz Amerika bangte mit dem Publikumsliebling darum, daß sein erhoffter triumphaler Abschied von der Basketball-Szene – mit einem weiteren Gewinn der Meisterschaft – womöglich an einer fast unglaublichen Verkettung widriger Umstände scheitern könnte. Von der Papierform her waren die Chicago Bulls auf dem Weg zur Titelverteidigung nicht zu stoppen – doch von genau dieser Papierform war das Team zu Beginn der Saison meilenweit entfernt. Ausgerechnet die berühmtesten Mitglieder des imposanten Star-Ensembles hatten körperliche Probleme:

Michael Jordan hatte in den Wochen vor dem ersten Spiel Reporter und Fans in Atem gehalten, weil er wegen eingewachsener Zehennägel unters Messer mußte – als der Meister wieder schmerzfrei durch die Trainingshalle tänzeln konnte, schien halb Amerika eine Zentnerlast vom Herzen zu fallen.

Scottie Pippen lag für eine Fußoperation auf dem OP-Tisch und war danach für die ersten beiden Monate der NBA-Saison außer Gefecht.

Dennis Rodman hatte im Vorfeld des ersten Saisonspiels hartnäckig um einen höher dotierten Vertrag gepokert und wegen der daraus resultierenden Streitigkeiten kein einziges Vorbereitungsspiel für die Bulls bestritten.

Die Saison 1997/98 begann dann auch tatsächlich so, wie es viele angesichts dieser Situation befürchtet hatten. Im Oktober verloren die Bulls fünf der sieben ausgetragenen Spiele, dann fingen sie sich allmählich wieder. Doch durch seine Anlaufschwierigkeiten war das Team aus Chicago in der Central Division der amerikanischen Profiliga NBA bereits auf den fünften Platz zurückgefallen – fast schon abgeschlagen gegenüber Tabellenführer Atlanta. Während Jordan in jeder Halle, in der er die Basketballstiefel schnürte, von den Fans begeistert gefeiert wurde, machten auch andere NBA-Profis von sich reden – unter anderem der Deutsche Detlef Schrempf, der im Herbst 1997 mit seinen Seattle Supersonics eine imposante Erfolgsserie hinlegte.

Basketball in der Krise?

All das wurde überschattet von unliebsamen Zwischenfällen, die sich 1997 in der Vorzeige-Liga NBA häuften und den bis dahin stets als »sauber« angepriesenen Sport Basketball in Verruf brachten. Faßt man einige der Meldungen, die damals durch die amerikanische Tagespresse geisterten, im Telegrammstil zusammen, wirkt Basketball '97 ein bißchen wie Showdown in Wildwest:

»Sir« Charles Barkley von den Houston Rockets vergaß seine Manieren, als ihn ein aufdringlicher Fan in einem Lokal nervte. Er packte den guten Mann kurzerhand am Kragen und schleuderte ihn durch das nächstbeste Fenster. Zwar stellte sich später heraus, daß der Fan wütend auf Barkley gewesen war und ihn deshalb mit Eiswürfel beworfen hatte – doch die Geschichte bestätigte erneut Barkleys Image als Basketball-Bösewicht. Der Sportstar wurde sofort verhaftet, gegen heftigen Widerstand abgeführt und ins Gefängnis gesteckt, nach vier Stunden gegen Zahlung einer Kaution von 6000 Dollar aber wieder freigelassen.

Shaquille »Shaq« O'Neal verpaßte einem Gegenspieler mitten in der Halle eine schallende Ohrfeige.

Latrell Sprewell, der bis dahin als Superstar der Golden State Warriors gefeiert wurde, machte dem Namen seiner Mannschaft alle Ehre. Er rangelte mit seinem Trainer P.J. Carlesimo, der ihn wohl beleidigt und angebrüllt hatte, drückte ihm mit seinen Pranken die Luft ab und rief ihm, während einige Kollegen ihn vom bedrängten Coach weggezerrten, noch Morddrohungen hinterher.

Und schließlich wurde im Februar 1998 Anklage gegen Anthony Mason von den Charlotte Hornets erhoben – gemeinsam mit seinem Cousin soll Mason ein 14- und ein 15jähriges Mädchen entführt und zum Sex gezwungen haben.

Auch bei den Bulls war Feuer unterm Dach. Denn ausgerechnet während jener Saison, die Michael Jordans Karriere krönen sollte, zeigte das Gefüge der Chicago Bulls erste ernste Risse. Vor allem zwischen Scottie Pippen und den Machern des Vereins, Besitzer Reinsdorf und Manager Krause, kam es zu Spannungen. Letztlich ging es ums liebe Geld – eigentlich kein Wunder in der Millionen-Liga NBA.

Krause und Pippen waren sich schon 1993 in die Haare geraten. Damals gab es Unstimmigkeiten zwischen Michael Jordan und Jerry Krause, weil der Manager für Jordans Geschmack zu wenig Erfolg beim Anwerben neuer Spieler für die Bulls vorweisen konnte. Währenddessen stand ganz oben auf Krauses Liste der Kroate Tony Kukoc, der als exzellenter Basketballer galt und Chancen auf eine herausragende Rolle bei den Bulls und der gesamten NBA zu haben schien. Durch Krauses Hatz auf den talentierten Europäer kamen die Verhandlungen mit anderen Spielern natürlich manchmal zu kurz, und als bekannt wurde, daß Krause den Neuen aus Übersee mit einem millionenschweren Vertrag nach Chicago locken wollte, rebellierten einige der Bulls. Vor allem Pippen gab sich entrüstet, weil Kukoc wohl auf Anhieb dieselbe oder eine noch höhere

Jahresgage als er – der altgediente Bull – bekommen sollte. Kukoc, den Krause natürlich trotz aller Widerstände zu Beginn der Saison 1993/94 in die Mannschaft holte, und Pippen rauften sich zusammen. Doch im Sommer 1997 gab es neuen Ärger. Scott Pippen wollte an einem Benefizspiel teilnehmen; als Manager Krause dies verbot, hielt der enttäuschte Spieler das für reine Schikane – und bald gebärdete sich Pippen in Interviews als geplagter Sportstar, der von einem rassistischen Vorgesetzten drangsaliert und gegängelt wird.

In manchen Medien wendete sich nun jedoch das Blatt gegen den bis dahin stets beliebten Pippen. Der sonst oft als geschäftstüchtiger Widerling beschriebene Jerry Krause sammelte plötzlich Sympathiepunkte. Denn Scott Pippen führte sich auf wie ein beleidigter Teenager; er weigerte sich zu spielen und streute immer wieder einmal eine Bemerkung über das für seinen Geschmack viel zu niedrige Gehalt von etwa 2,7 Millionen Dollar pro Jahr ein. Dabei, so verrieten intime Kenner der amerikanischen Basketball-Szene, habe sich Pippen dieses vergleichsweise niedrige Salär selbst eingebrockt. 1991 war er für einige Zeit verletzt gewesen und wollte seine Zukunft als Basketball-Profi ausgerechnet in diesem Moment absichern. Also forderte er von den Chicago Bulls einen Vertrag über mehrere Jahre. Natürlich war Vereinschef Reinsdorf einverstanden, denn Pippen hatte sich bis dahin als ein wichtiger und zuverlässiger Assistent von Superstar Michael Jordan erwiesen. Aber Reinsdorf soll Pippen damals auch gewarnt haben: Wenn er jetzt einen langjährigen Vertrag unterschreibe, bleibe sein Jahresgehalt auf den vereinbarten Betrag fixiert – auch wenn andere dann mehr verdienen würden, denn allgemein wurde angenommen, daß für die kommenden Jahre eine wahre Explosion der Spielergehälter bevorstand.

Pippen wollte davon nichts hören, unterschrieb einen Vertrag über mehrere Jahre – und blieb danach auf seinem vergleichsweise bescheidenen Gehalt sitzen, während um ihn herum, wie erwartet, die Profis die Hand in jedem Jahr weiter aufhielten. Und nun wollte Pippen anderen die Schuld an seiner wirtschaftlichen Fehlentscheidung geben? Da verstanden viele Reporter und zahlreiche Fans nun wirklich keinen Spaß mehr.

Nur ein sauberer Sport bringt Millionen ein

Solche Szenen polierten das Image des Basketballsports natürlich nicht gerade auf. Und alle, die mit und in der NBA gutes Geld verdienten, hatten guten Grund, sich Sorgen zu machen. Denn ohne ein positives Image war diese Paradeliga nicht mehr der richtige Bereich für Investitionen all jener Geschäftsleute, die ihre Produkte im Bewußtsein der Öffentlichkeit mit dem Bild der Erfolgssportart verbinden und damit die Chancen auf steigende Umsätze haben wollten. Es war ja schließlich eine Menge Geld im Spiel. Erst 1997 hatte der Verkauf der TV-Senderechte bis zum Jahr 2002 der NBA die hübsche Summe von rund 2,6 Milliarden Dollar eingebracht – dafür darf der zahlende Kunde natürlich einiges erwarten. Auch von den Sportstars, die nicht zuletzt dank solch lukrativer Verträge stattliche Millionengagen einstreichen.

Michael Jordan hat diese Zusammenhänge verinnerlicht wie kaum ein zweiter: Auch in der sportlich schwierigen Phase, als die Bulls nicht recht in Fahrt und der verletzte Teamkamerad Scott Pippen nicht schnell genug wieder auf die Beine kamen, benahm sich »Air« beinahe schon langweilig vorbildlich. »Es ist unsere Verpflichtung, den Berufsstand so attraktiv wie möglich zu präsentieren«, sagte er – und beschränkte sich darauf, mit exzellenten Leistungen auf dem Parkett aufzufallen. Das brachte ihm auch in dieser Saison den Respekt der Kollegen ein – und den der Gegner. »Egal, wie alt er ist«, schwärmte zum Beispiel der Trainer der Portland Trail Blazers, Mike Dunleavy, »er ist immer noch der Beste, er kommt nicht runter von der Wolke.« Und der zu seinen aktiven Zeiten als Superstar gefeierte Larry Bird, der in der Saison 1997/98 als neuer Trainer der Indiana Pacers angetreten war, meinte nur: »Solange Jordan Basketball spielt, ist sein Team Titelfavorit Nummer eins.«

So ähnlich sahen das wohl auch die Fans des kahlköpfigen Hünen, beileibe nicht nur in den Vereinigten Staaten. Als die Chicago Bulls als amtierender NBA-Champion in Paris antraten, um sich in einem Finalturnier mit europäischen Spitzenmannschaften zu messen und dabei um einen von einer weltumspannenden Fast-food-Kette ausgelobten Pokal zu spielen, drehte sich alles nur um die Bulls. Nein, eigentlich drehte sich alles nur um den Spieler mit der Trikotnummer 23: Michael »Air« Jordan.

Wie schon bei Olympia mit dem Dream Team war auch das Turnier in Frankreich eher ein Show-Spektakel als ein sportlicher Wettkampf mit wirklich ungewissem Ausgang. Die Bulls traten in Paris ohne Scott Pippen und Dennis Rodman an – die beiden fehlten verletzt. Und dennoch war das Team jedem Gegner in jeder Situation deutlich überlegen. Im Halbfinale – immerhin gegen den Lokalmatador Paris St. Germain, einem der erfolgreichsten Clubs in Europa – reichte den Bulls eine bescheidene Leistung zum Sieg. Im Endspiel gegen die Nummer eins der Europa-Liga, Olympiakos Piräus, hielten Jordan und Kollegen die Konkurrenz mit 108:78 mehr als deutlich auf Distanz.

Da konnte auch Arturas Karnishovas, einer der Stars von

Piräus und Europas Basketballer des Jahres, nur noch mit den Schultern zucken: »Wir beobachten vom Rand aus, in der Mitte ist die NBA.« Die Griechen waren wahrscheinlich noch froh, überhaupt über weite Strecken des Spiels halbwegs mithalten zu können – und trotz des Jubels von 14 000 Jordan-Fans in der riesigen Arena des Pariser Palais Omnisports, die ständig nach Show-Einlagen ihres Idols verlangten, erlag Jordan nicht der Versuchung, den Gegner mit allzu spektakulären Einlagen bis auf die Knochen zu blamieren. Die wenigen Kabinettstückchen, die er sich auf Kosten seiner Gegenspieler leistete, quittierten sowohl der Star aus den USA als auch seine europäischen Gegner mit Lachen – mit-, nicht übereinander. Und so durfte Michael Jordan hinterher über eine Szene, in der Piräus-Spieler Milan Tomic dem von Jordan geführten Ball kaum mit den Augen, geschweige denn mit der Hand folgen konnte, auch ein bißchen frotzeln, ohne gleich arrogant zu wirken. »Er schaute, als hätte er seine Schuhe verloren«, grinste »Air« Jordan, und Tomic grinste mit ihm.

Doch die Fans in der riesigen Pariser Halle mußten auch eine Schattenseite des Ruhms miterleben: Sogar auf dem Weg von der Kabine aufs Spielfeld wurde »His Airness« von bulligen Bodyguards umringt und durch die kahlen Gänge des Gebäudes geleitet.

David Falk – Jordans Manager und Anwalt

David Falk ist einer der wichtigsten Helfer von »His Airness«, wenn es um geschäftliche Dinge geht. Der mit allen Wassern gewaschene Geschäftsmann und Jurist studierte an der Syracuse University im US-Bundesstaat New York und legte sein Staatsexamen dort mit Auszeichnung ab. Danach wechselte er an die George Washington University und erhielt vom dazugehörigen National Law Center sein Diplom in Rechtswissenschaften. Mit glänzenden Zeugnissen in der Tasche machte er sich selbständig. Schon bald war er ein gefragter Agent zahlreicher amerikanischer Profi-Sportler.

Nachdem er 17 Jahre als erfolgreicher »Einzelkämpfer« hinter sich gebracht hatte, gründete er 1992 eine Agentur, um mehr Klienten betreuen zu können und damit auch mehr Gewicht innerhalb der US-Sportszene zu bekommen. Das Unternehmen nannte er Falk Associates Management Enterprises – ein etwas sperriger Name, der aber der Schwäche vieler Amerikaner für schmissige und beziehungsreiche Abkürzungen entsprach: Statt **F**alk **A**ssociates **M**anagement **E**nterprises sprach in den USA bald jeder nur noch von FAME, zu deutsch: Ruhm. Und um Ruhm – und natürlich Geld – ging es ja in den Verträgen, die Falk und seine Mitarbeiter für ihre Schützlinge aushandeln sollten. FAME erlangte auch selbst Ruhm, und Firmengründer Falk wurde einer der dominierenden Figuren innerhalb der amerikanischen Sportwelt. Die renommierte Fachzeitschrift *The Sporting News* veröffentlicht seit 1991 einmal im Jahr eine Liste mit den ihrer Meinung nach »100 ersten Persönlichkeiten des Sports« – und stets rangiert Falk dort unter den einflußreichsten 40. Eine Umfrage der Redaktion von *Basketball Digest* ergab außerdem, daß Falk unter den mächtigsten Managern der Basketball-Szene gleich hinter NBA-Chef David Stern auf Platz zwei lag.

Das war eigentlich kein Wunder, denn bald hatte sich Falks Fähigkeit, für seine Mandanten das Optimale aus

Verhandlungen herauszuholen, herumgesprochen – und nachdem FAME einige der Großen des US-Sports unter Vertrag genommen hatte, wurde das Ganze zu einem Selbstläufer. Immer mehr Sportler wollten von jener Agentur vertreten werden, die schon für die von aller Welt bewunderten Top-Stars verhandelt und die Jungs dabei nicht selten immens reich gemacht hatte. So durften Falk und die Mitarbeiter seiner Firma bald im Namen von berühmten Basketballern wie Patrick Ewing, Muggsey Bogues und Shawn Bradley auftreten. Vier der fünf Verträge, die jemals im Mannschaftssport abgeschlossen wurden, konnten Falk und seine Helfer für ihre Klienten aushandeln – diese für Michael Jordan, Dikembe Mutombo, Juwan Howard und Alonzo Mourning erzielten Erfolge polierten das Image der Verhandlungsprofis natürlich noch zusätzlich auf. Und auch für die Zukunft der Agentur sah es rosig aus: Der ehrgeizige Nachwuchs gab sich bei Falks Firma die Klinke in die Hand, und das Unternehmen konnte sich so die sportlichen Rosinen aus dem großen Fundus der Talente herauspicken. 1996 hatte FAME zum Beispiel sechs sogenannte First Round NBA Draft Picks unter Vertrag – nie zuvor hatte eine Agentur so viele jener College-Basketball-Amateure vertreten, die von den Talentsuchern der NBA zu den hoffnungsvollsten Nachwuchsspielern gekürt worden waren.

Das Aushängeschild von Falks Agentur war natürlich seit Jahren »His Airness«. Michael Jordan konnte sich über die Arbeit seines Managers und Anwalts nun wirklich nicht beklagen: Ein hoch dotierter Auftritt im Kino-Erfolg *Space Jam,* zahlreiche Merchandising-Verträge, wachsende Popularität in aller Welt. Nicht zuletzt das machte Jordan allein im Jahr 1997 um 78,3 Millionen Dollar reicher und damit zum bestbezahlten Profisportler der Welt.

Merchandising – ein Superstar wird vermarktet

Auch auf Preisschildern drückte sich die Sonderstellung des Basketballers Michael Jordan aus: Während Fans die Trikots vieler seiner Kollegen zu Preisen zwischen 40 und 50 Dollar erwerben konnten, mußten sie für einen Dress von »His Airness« deutlich mehr investieren: Für rund 220 Dollar (!) wurden Jordans Leibchen im Frühjahr 1998 in den Fluren jener Hallen gehandelt, in denen die Chicago Bulls mit ihrem berühmtesten Spieler gastierten.

Der unglaubliche Erfolg mit dem Verkauf von Trikots und anderen Fanartikeln trug dazu bei, daß Michael Jordan millionenschwere Verträge anzog wie ein starker Magnet Eisenspäne. Diese »Geldspäne« machten Jordan allein im Jahr 1997 um einen satten zweistelligen (Dollar-)Millionenbetrag reicher. 31,3 Millionen US-Dollar erhielt der Vorzeige-Athlet für seine Auftritte auf dem Basketball-Parkett – weitere 47 Millionen Dollar nahm er durch seine zahlreichen Werbeverträge ein. Damit stand der Amerikaner mit einigem Vorsprung auf Platz eins der Geld-Bestenliste, die das Wirtschaftsmagazin *Forbes* einmal im Jahr erhebt. Platz zwei Boxer Evander Holyfield mit 54,3 Millionen Dollar (53 Millionen als Gehalt/1,3 Millionen aus Werbeverträgen). Der am zweitbesten bezahlte Basketballer war 1997 Shaquille O'Neal mit 25,4 Millionen (12,9/12,5) – er rangierte sogar ein paar Dollarbündel weit hinter dem deutschen Formel-eins-Fahrer Michael Schumacher, der mit 35 Millionen Dollar (25/10) immerhin Rang vier in der Welt der sportlichen Großverdiener einnahm.

Insgesamt schnitt Basketball im Vergleich der einträglichsten Sportarten sehr gut ab: Mit Jordan war die unumstrittene Nummer eins ein professioneller Korbjäger; mit ihm, Shaquille O'Neal und Grant Hill (er wurde 1997 um insgesamt 17 Millionen Dollar schwerer) standen drei Basketballer in den Top ten; und unter den bestbezahlten 40 Sportlern der Welt tummelten sich immerhin elf von ihnen.

Doch wie viele sich auch immer unter den bestbezahlten zehn, 20 oder 40 tummelten – Michael »Air« Jordan war, nach Einnahmen pro Saison oder Kalenderjahr gerechnet, eindeutig der Großmeister. Und die »Abschiedstournee«, die NBA-Saison 1997/98, füllte sein ohnehin schon pralles Konto noch zusätzlich: Rund 35 Millionen Dollar hatte er für sein letztes Jahr als Gehalt ausgehandelt – und die zusätzlichen Werbemillionen dürften ihm außerdem noch für zwei warme Mahlzeiten am Tag gereicht haben.

Knapp dagegen wurden jene Stunden, über die Michael Jordan angesichts seiner lukrativen Nebenjobs noch frei verfügen konnte – denn von seinen ganzen Werbeaktivitäten abgesehen betrieb er inzwischen auch ein eigenes Restaurant, er hatte sogar seine eigene Parfüm-Serie auf den Markt gebracht. »Basketball ist meine Leidenschaft«, wischte Michael »Air« Jordan solche Befürchtungen sofort beiseite. »Alle anderen Termine werden um das Training und die Spiele herumgelegt. Ich bin einfach nur ein Mensch, der viele Ideen hat und verwirklicht. So habe ich später, wenn meine Laufbahn als Profi einmal vorbei ist, wenigstens keine Langweile.«

BULLS

Die Michael Jordan Foundation

Sympathien erwarb sich der reiche Superstar auch damit, daß er Bedürftige an seinen Einnahmen teilhaben ließ: Schon 1989 gründete der Basketballstar die Michael Jordan Foundation, eine Stiftung, mit deren Hilfe er Millionenbeträge für wohltätige Zwecke sammeln und an die richtigen Stellen weiterleiten wollte. Das Büro der Stiftung war in Chicago ansässig, und während Michael für die Bulls auf Korbjagd ging, verwaltete seine Mutter Deloris Jordan als Präsidentin die eingehenden Gelder. Im Mai 1994, fünf Jahre nach Gründung der Stiftung, eröffnete die Familie eine »Zweigstelle« in der Heimatstadt des Stars, in Charlotte im US-Bundesstaat North Carolina. Auch hier kam der Stiftung die Popularität seines prominenten Gründers und Aushängeschilds sehr zugute: Die NationsBank stellte der Organisation kostenlos Räumlichkeiten zur Verfügung, und zur Eröffnung des Büros baten Michael Jordan und ein hoher Funktionär der amerikanischen Basketball-Profiliga NBA zahlreiche Journalisten und Geschäftsleute zu einem informellen Mittagessen. Es lag sicherlich nicht in erster Linie an der Menüfolge, daß sie schließlich vor dichtgedrängtem Publikum die unbefriedigende Situation der amerikanischen Jugendlichen beklagen und alle Anwesenden dazu aufrufen konnten, der Stiftung im Bemühen um eine Verbesserung dieser Situation zu helfen.

Jordan stellte bei dieser Gelegenheit auch gleich konkrete Programme vor, die seine Stiftung in North und South Carolina unterstützen wolle: Die Initiative Big Brothers/Big Sisters (sie vermittelt bedürftigen Kindern Patenschaften), die North Carolina Special Olympics (für die Ausrichtung zusätzlicher Wettkämpfe als Anreiz für sportliche Aktivitäten) und die South Carolina Child Abuse Prevention Association, die sich gegen Kindesmißbrauch wendet und ihr Augenmerk vor allem auf vorbeugende Maßnahmen richtet.

Die Jordan-Stiftung konnte allein in ihrer Filiale in Charlotte zwischen 1. April 1994 und 31. März 1995 rund 335 000 Dollar an Spenden sammeln, allerdings herrschte nicht nur eitel Freude über diese Organisation. Wie der *Charlotte Observer* berichtete, habe die Stiftung nur rund zehn Prozent der Einnahmen im genannten Zeitraum – nämlich rund 30 000 Dollar – auch wieder ausgeschüttet. Und natürlich waren die Reporter des *Observer* auch nicht gerade begeistert, als sie im März 1996 erfuhren, daß der Fond künftig nicht mehr von Charlotte aus aktiv sein wolle: »Michael Jordan und seine Familie planen«, so meldete die Zeitung, »ihre Spendenmillionen nicht mehr von Charlotte aus zu verwalten, sondern sie einem neuzugründenden Familieninstitut an jener Universität in Chapel Hill zuzuführen, an der Jordan einst studiert hat.«

Sport-Sponsoring

Den Geschäften von Michael Jordan schadeten solche Meldungen natürlich nicht. Auch die anderen Stars der NBA konnten über einen Mangel an Sponsorengeldern nicht klagen. Warum viele Firmen, die ansonsten mit spitzem Bleistift möglichst knapp kalkulieren, überhaupt Millionenbeträge in die verschiedenen Sportarten pumpen, läßt sich am Beispiel der Sportschuhfirma Nike nachvollziehen, die unter anderem Michael Jordan als Werbeträger für sich engagiert hat. 1964 hatte der Diplomwirtschaftswissenschaftler und ehemalige Mittelstreckenläufer

Phil Knight in Portland im US-Bundesstaat Oregon gemeinsam mit seinem Ex-Lauftrainer die Firma Blue Ribbon Sports mit 1000 Dollar Startkapital gegründet. Er ließ von amerikanischen Ingenieuren Laufschuhe entwickeln und schickte die Produktionspläne daraufhin nach Indonesien oder Vietnam, wo die Schuhe schließlich zu billigsten Stundenlöhnen gefertigt wurden. Das Geschäft florierte zusehends, und aus dem mobilen Schuhladen – anfangs verkaufte Knight seine Sporttreter aus dem Kofferraum seines Wagens heraus – wurde ein umsatzstarkes Unternehmen. 1972 machte Knight aus Blue Ribbon Sports das Unternehmen Nike Inc., und schon acht Jahre später ging die Firma an die Börse. Anfang 1998 konnte der Konzern mit 15,6 Milliarden Mark Jahresumsatz und 21 800 Beschäftigten in aller Welt eine beeindruckende Zwischenbilanz vorlegen.

»Mehr als 800 Millionen Mark«, so rechnete das Hamburger Nachrichtenmagazin *Der Spiegel* Ende Januar 1998 vor, »gibt Nike jährlich allein für Werbung und Sponsorenverträge aus.« Cleveren Geschäftsleuten fällt da der Spruch vom richtigen Fenster ein, aus dem man das Geld werfen müsse, damit es vervielfacht zur Tür der Firma wieder hereinkomme. »Wir wollen den Sport nicht regieren, wir wollen ihn fördern«, erklärte Knight damals im Interview mit der Zeitschrift. Und das tat er mit großen Summen: 400 Millionen Dollar für das Recht, sich als Ausstatter der brasilianischen Nationalmannschaft bezeichnen und mit den Ausnahmekickern aus Südamerika werben zu dürfen, ein ähnlicher Betrag geisterte im Hinblick auf einen entsprechenden Vertrag mit dem englischen Team durch die Gazetten.

Die Folgen des Deals mit dem begehrten brasilianischen Team bekam der Deutsche Fußball-Bund wenig später zu spüren. Als die Funktionäre mit ihren brasilianischen Amtskollegen über ein Freundschaftsspiel im Vorfeld der Fußball-Weltmeisterschaft in Frankreich 1998 verhandeln wollten, wurden sie von den Brasilianern freundlich aber bestimmt an die Firma Nike verwiesen – mit dieser, so wurde der staunenden deutschen Delegation beschieden, müsse man sich einigen. Nikes Forderungen sollen unter anderem darin bestanden haben, daß der deutsche Verband zwar seine eigene Bandenwerbung ins Bild rücken darf – daß aber zugleich ein kompletter zweiter Satz Bandenwerbung allein für die Vermarktung durch Nike zur Verfügung stehen muß. Knight sagte den Spiegel-Reportern gegenüber dazu nur: »Ein simples Freundschaftsspiel England gegen Brasilien etwa könnte, wenn Sie es richtig anpacken, zum Weltereignis werden, das zig Millionen Zuschauer auf allen Kontinenten vor die Fernseher zieht und ins Internet lockt. Wir werden dafür sorgen, daß es mehr Spiele gibt, mehr Spannung und mehr Zuschauer.« Damit skizzierte Knight zwischen den Zeilen auch gleich den Nutzen, den sich Nike von der enormen Investition von 400 Millionen Dollar im Fall der publikumswirksamen Fußball-Nationalmannschaft Brasiliens versprach:

- Mehr Zuschauer – das Unternehmen kann die während, vor und nach dem Spiel gezeigte oder im Fernsehen ausgestrahlte Werbung teurer verkaufen.

- Mehr Spannung – das Unternehmen kann mit Hilfe spannend verlaufender Spiele den Wunsch vieler Zuschauer noch zusätzlich anheizen, das nächste Spiel möglichst nicht zu versäumen.

- Mehr Spiele – das Unternehmen kann das Interesse häufiger für seine wachsenden Geschäfte nutzen.

- Mehr Aufmerksamkeit für die einzelne Sportart – das gewinnt potentielle neue Kunden. Denn wer immer wieder mit Fußball-, Tennis- oder Baseball-Profis fiebert, wird irgendwann auch selbst zum Stollenschuh, Tennisschläger oder zum Baseball greifen und so der Sportartikelindustrie zu steigenden Umsätzen verhelfen.

Im Grunde genommen ist das Ganze ein Geschäft, von dem praktisch alle Beteiligten profitieren:

- Das Unternehmen, weil es die Kosten seiner Werbung durch Vermarktung der Rechte wieder einspielt und obendrein den Nutzen der Werbung in Form von steigenden Umsätzen hat.

- Die Sportart, die durch verstärkte Präsenz in den Medien zunehmend populär wird und durch steigende Zuschauerzahlen sowie dem wachsenden Interesse anderer Sponsoren einem warmen Geldregen entgegensieht.

- Die Sportler, weil sie höhere Gagen aushandeln können.

- Und schließlich zumindest indirekt sogar der Staat und seine Bürger – denn je mehr die Medien von horrenden Umsätzen berichten, desto mehr geraten Politiker unter öffentlichen Druck, etwaige Zuschüsse an die florierenden Großvereine zu streichen oder deutlich zu kürzen. Den großen Vereinen schadet das selten – und der Staat könnte das Geld für andere Dinge verwenden.

Also alles in Butter mit der sich immer schneller drehenden Geldspirale im Millionenspiel Profi-Sport? Nicht ganz, denn immer mehr Spiele, zum Beispiel via Fernsehübertragung, können bei den Zuschauern auch für eine Übersättigung sorgen. Und wenn – wie etwa im deutschen Profi-Fußball im Spätherbst 1997 geschehen – praktisch jeden Abend irgendein Fußballspiel aus irgendeiner Vorrunde irgendeines mehr oder weniger wichtigen Wettbewerbs live übertragen wird, droht auch die populärste Sportart dem Publikum irgendwann zum Hals herauszuhängen. Gehen dann die Einschaltquoten und damit auch die Umsätze mit den Werbe-Einblendungen drastisch zurück, beginnt das himmelstürmende Modell Millionen-Liga zu wanken.

Nike-Chef Phil Knight jedenfalls sieht diese Gefahr für die nähere Zukunft noch nicht voraus – er gibt sich in Interviews gerne einem fast grenzenlosen Optimismus hin. Und zumindest nach den erzielten Umsätzen zu urteilen, kann man ihm nicht recht widersprechen. Auch mit dem Engagement von Basketball-Superstar Michael Jordan verbindet Knight nur positive Erinnerungen: »Unsere Kampagne mit Michael Jordan war die erfolgreichste Marketing-Veranstaltung in der Geschichte des Sports. Als sich das Publikum in den 80er Jahren an die Werbespots mit ihm gewöhnt hatte und die Verkäufe zurückgingen, haben wir ihn in einem Trick-Video gegen Bugs Bunny spielen lassen. (Daher kannten sich die späteren *Space-Jam*-Teamkameraden Michael und Bugs also! – Anm.d.Autors) Alle fanden das witzig und kauften wieder. Vor kurzem haben wir Jordan eine Firma gründen lassen. Er verkauft unter eigenem Logo, und es ist von neuem ein Riesengeschäft. Sportkonzerne werden immer Stars für ihre Werbung nutzen.«

Während Nike die Fans mit Hilfe von »Air« Jordans Popularität an die Regale der Sportgeschäfte lockt, setzt die Firma auch auf andere Stars. Knight: »Zuerst gab es im Basketball nur ›Air‹ Jordan, aber wir haben längst die ›Force‹-Linie mit Charles Barkley oder ›Flight‹ mit Scottie Pippen.«

Wer könnte die Nachfolge von Jordan antreten?

Während sich Firmen wie Nike längst auf eine Zeit nach Michael Jordan eingestellt haben, fragen sich die Fans natürlich, wer in sportlicher Hinsicht in seine Fußstapfen treten könnte. Keine Frage: »Air« wird eine große Lücke hinterlassen – aber es gibt immerhin einige Spieler, denen viele Fachleute zutrauen, in den Jahren nach Michael Jordans Abschied vom Profi-Basketball zu den Top-Stars der Liga zu gehören. Hier einige Beispiele.

Shaquille O'Neal

Zumindest in einem Punkt zeigte er sich Michael Jordan ebenbürtig: Zwar war »His Airness« im jährlichen Einkommensvergleich unerreichbar für alle anderen Profi-Sportler der Welt – den bisher höchstdotierten Vertrag der NBA, legt man dabei die gesamte Laufzeit zugrunde, hatte allerdings O'Neal unterschrieben: 120 Millionen Dollar für sieben Jahre – das war der Deal, den er während der Olympischen Sommerspiele 1996 in Atlanta mit den Los Angeles Lakers perfekt machte und mit dem er reichlich Aufsehen erregte. Ab Sommer 1998 wird O'Neal von Jordans Erfolgsgaranten Phil Jackson trainiert. Wird er ihm den nötigen Schub bringen; wird es ihm gelingen, das ungezügelte Wesen seines neuernannten Schützlings unter Kontrolle zu halten?

Kevin Garnett

Mitte Oktober 1997 machte der junge Basketball-Profi

Kevin Garnett mit einer Neuigkeit weltweit Schlagzeilen, die den gerade mal 21jährigen Spieler der Minnesota Timberwolves schlagartig zur Berühmtheit werden ließ. Sage und schreibe 123 Millionen Dollar (umgerechnet waren das beim damaligen Dollar-Kurs immerhin mehr als 210 Millionen Mark), so legte es sein eben unterschriebener Vertrag mit den Timberwolves fest, wurden dem jungen Sportler für die kommenden sieben Jahre dafür zugesichert, daß er das tat, was er nicht nur am besten konnte, sondern was ihm wohl auch am meisten Spaß machte. Entsprechend glücklich präsentierte sich Garnett den staunenden Reportern: »Ich werde nun völlig wild spielen und immer ein Lächeln auf den Lippen haben.«

Wir werden sehen ... Jedenfalls katapultierte sich Garnett mit seinem millionenschweren Abkommen auf Anhieb an die Spitze jener Hitparade, die die Profi-Sportler mit den auf die gesamte Laufzeit gesehen höchstdotierten Verträgen auflistet – bis dahin hatte Shaquille O'Neal von den Los Angeles Lakers diese Charts der Millionäre in kurzen Hosen angeführt. Garnett rückte nun sogar einem anderen Großverdiener der Branche auf die Pelle: Michael »Air« Jordan (der zuletzt keine langfristigen Verträge mehr abschloß) verdiente mit mehr als 30 Millionen Dollar zwar noch immer deutlich mehr Geld jährlich als jeder andere Basketball-Star – doch mit gut 20 Millionen Dollar pro Jahr hatte Garnett nun Shaquille O'Neal von Platz zwei verdrängt.

So sehr sich Kevin Garnett freuen konnte – viele Kenner der Basketball-Szene machten sich wegen der Explosion der Gehälter in der National Basketball Association (NBA) ernsthaft Sorgen. Dabei ging es nicht nur um die Höhe der Jahresgagen oder die Laufzeit der Verträge, sondern darum, daß immer mehr junge Spieler für horrende Summen verpflichtet wurden, bevor sie in unteren Ligen Gelegenheit gehabt hatten, zur Spielerpersönlichkeit heranzureifen. Im Herbst 1997 wurde diese Entwicklung wieder einmal besonders deutlich: Kurz bevor Garnett seinen neuen Vertrag bekanntgab, hatte sich der mit 23 Jahren ebenfalls noch ziemlich junge Basketball-Spieler Rasheed Wallace für sechs Jahre an die Portland Trail Blazers gebunden – für insgesamt 80 Millionen Dollar.

Die Fans wollten solche Einwände nicht gelten lassen. Immerhin hatte ihr Idol Garnett direkt von der Schulbank weg schon als 19jähriger den Sprung in die NBA gewagt und sich dort auf Anhieb durchsetzen können – doch längst nicht alle Nachwuchsspieler erwiesen sich in den vergangenen Jahren als so robust und auch charakterstark wie Kevin Garnett, der 1997 trotz seines Millionendeals noch vergleichsweise natürlich wirkte. Das immerhin könnte ihn zu einem Superstar machen, zu einem potentiellen Nachfolger Michael Jordans.

Grant Hill

Als sich das Ende von Michael Jordans Karriere abzuzeichnen begann, atmeten einige amerikanische Basketball-Fans erleichtert auf: Ein Nachfolger für »His Airness« schien gefunden! Von vielen Sportjournalisten, von vielen Kollegen und Trainern, vor allem von den Fans der Detroit Pistons wurde Grant Hill als der kommende Top-Star der National Basketball Association gehandelt. Auch exzellente Beziehungen konnte der Sohn eines Ex-Football-Profis vorweisen: Vater Calvin Hill hatte an der renommierten Yale-Universität studiert, und Mutter Janet hatte zu College-Zeiten ein Appartment mit einer gewissen Hillary Rodham geteilt, die später Bill Clinton heiratete und Amerikas First Lady wurde.

1996 durfte Hill während der Olympischen Sommerspiele in Atlanta schon einmal an weltweitem Ruhm schnuppern: Er gehörte zum Dream Team, zur US-amerikanischen Olympiamannschaft im Basketball. Hill trug die Bälle, er beobachtete, lernte von seinen Mitspielern – und kam hinterher zu einem Fazit, das sein unerschütterliches Selbstvertrauen bewies: »Jeder dieser Spieler«, charakterisierte er seine Teamkameraden, »dachte, er wäre der beste Spieler der Welt. Ich weiß wenigstens, daß ich vier Mitspieler habe. Irgendwie bin ich wohl der reifste von allen.«

Jedenfalls schlug er sich wacker in jenem Olympiateam, das 1996 die Goldmedaille im Basketball für die USA gewann. Dort konnte er Michael Jordan zeigen, was er draufhatte – denn mit ihm verband das Talent aus Detroit eine innige Haßliebe. Angeblich brüskierte Michael Jordan seinen Kollegen bei dessen erster Teilnahme an einem der jährlich stattfindenden All-Star-Spiele mit den Worten: »Hi, ich bin Michael – und du trägst die Bälle!« Dennoch nannte Grant Hill in den folgenden Jahren den Superstar aus Chicago auf recht originelle Weise sein Vorbild: Wann immer ihm die Fans für eine besonders brillante Leistung auf dem Parkett zu Füßen lagen, meinte er nur, er habe wieder »den Jordan gemacht«... Sein überzeugendes Auftreten bei Olympia und den Detroit Pistons bescherte ihm die Aufmerksamkeit der Medien, denen er mit artigen Äußerungen und noch artigerem Benehmen geschickt soufflierte, daß er der richtige Mann sei, der die NBA nach Michael Jordans Karriere-Ende dominieren könne. Oder kann man es anders interpretieren, wenn ein Mittzwanziger einen Spielervertrag mit 45 Millionen Dollar in acht Jahren aushandelt, sich danach weitere 80 Millionen Dollar von seiner Ausrüsterfirma, dem Sportartikelunternehmen Fila, sicherte – und wenig später mit dem Lächeln eines Provinz-

Teenagers erklärt: »Eine wilde Nacht – das heißt für mich Video gucken und eine Pizza bestellen.«

Kobe Bryant

Am 7. Februar 1998 ging ein alljährliches Spektakel über die Bühne, das für Basketball-Fans in aller Welt – vor allem aber für jene in den Vereinigten Staaten – in seiner Bedeutung gleich hinter den NBA-Finals kommt: das All-Star-Spiel, bei dem die besten Spieler der aktuellen NBA-Saison gegeneinander antreten. Mit Superstar Michael Jordan stand ein weiterer seiner möglichen Nachfolger auf dem Parkett des Madison Square Garden in New York: Kobe Bryant von den Los Angeles Lakers – mit gerade mal 19 Jahren der jüngste Spieler, der jemals in ein All-Star-Team gewählt worden war. Vor dem Spiel in New York gab sich der Jungstar bescheiden: »Ich werde einen Schritt zurücktreten, Jordans Spiel genau beobachten und versuchen, von ihm zu lernen.« War Bryant wirklich so schüchtern oder wollte er nur Punkte sammeln bei allen Jordan-Fans, die in späteren Jahren vielleicht einmal ihm zujubeln sollten? Sei's drum: Eine Wohltat waren solche bescheidenen Äußerungen allemal, wenn sich viele andere NBA-Spieler auch lieber an Vorbilder wie Basketball-Punk Dennis Rodman hielten …

Hut ab, »Airness«!

Kurz vor dem 48. All-Star-Spiel der NBA schien es dann allerdings, als ob Kobe Bryant doch keine Gelegenheit haben würde, aus der zweiten Reihe seiner Fünf den großen Jordan zu beobachten: »His Airness« hatte sich eine fiebrige Erkältung eingehandelt und drohte nun ausgerechnet in jenem Auswahlspiel auszufallen, das die letzte Saison seiner einzigartigen Karriere krönen sollte. Doch der Star der Chicago Bulls zeigte, warum er es bis ganz an die Spitze seiner Sportart geschafft hatte: Er biß die Zähne zusammen, wirbelte athletisch wie gewohnt über das Parkett, erzielte 23 Punkte und riß das eigene Team durch seinen Kraftakt geradezu mit – am Ende behielt Jordans Mannschaft, die Auswahl der besten Spieler der Eastern Conference, mit 135:114 Punkten deutlich die Oberhand gegenüber dem Auswahlteam der westlichen Hälfte der NBA.

So sollte es am besten weitergehen – meinen jedenfalls Millionen von Michael-Jordan-Fans in aller Welt. Allerdings werden auch sie nicht verhindern können, daß sich ihr Idol sportlich den größten Wunsch erfüllen wird: Er wolle, so sagte er einmal in einem Interview, nicht erst abtreten, wenn er zu langsam und zu schlecht für die beste Liga der Welt geworden sei. Er wolle nicht erst abtreten, wenn sich sein Verein bereits anfange, Gedanken darüber zu machen, wie man den alternden Star am schnellsten loswerden könne. Er, Michael Jordan, wolle abtreten, wenn man ihn noch vermissen werde – auf der Höhe seiner Leistungsfähigkeit.

So sehr der Abschied von einem der größten Basketball-Spieler aller Zeiten (wenn nicht dem größten überhaupt) schmerzt und schwer fällt: Michael Jordans Entschluß beweist sportliche und menschliche Größe – und verdient Respekt.

Und deshalb: Hut ab, »Airness«!

Anhang

Kurzbiographie Michael Jordan

1963 ...
... Michael Jeffrey Jordan wird im New Yorker Stadtteil Brooklyn als Sohn von James und Deloris Jordan geboren.

1979 ...
... Michael Jordan wird von seinem damaligen Trainer aus der Auswahlmannschaft der Emsley A. Laney High School in Wilmington geworfen – weil er nicht gut genug für das Team sei.

1981 ...
... Michael Jordan nimmt an einem All-Star-Spiel der College-Mannschaften in Pittsburgh, Pennsylvania, teil. Nach mehreren erfolglosen Bewerbungen ergattert er bald darauf ein Sportstipendium an der University of North Carolina.

1982 ...
... Michael Jordan erzielt Sekunden vor Schluß den entscheidenden Korb für North Carolina im Basketball-Finale der College-Mannschaften.

1984 ...
... Michael Jordan beendet sein Studium vorzeitig, wech-

selt ins Profi-Lager (zu den Chicago Bulls) und gewinnt als Mitglied der US-Mannschaft eine Goldmedaille bei den Olympischen Spielen.

1987 ...
... Michael Jordan wird zum ersten Mal in seiner Profi-Karriere Top-Scorer der NBA.

1988 ...
... Michael Jordan wird erstmals zum wertvollsten Spieler der NBA gewählt.

1990 ...
... Michael Jordan erzielt am 28. März 69 Punkte im Spiel gegen Cleveland – bis dahin die beste Punktausbeute seiner Karriere.

1991 ...
... Mit den Chicago Bulls wird Michael Jordan zum ersten Mal NBA-Champion.

1992 ...
... Zum zweiten Mal – diesmal als Profi – gewinnt Michael Jordan mit der US-Mannschaft olympisches Gold.

1993 ...
... Nach dem gewaltsamen Tod seines Vaters erklärt Michael Jordan seinen Rücktritt als Basketball-Profi. Er wechselt zu den Birmingham Barons, wo er als Baseball-Spieler recht erfolgreich ist.

1995 ...
... Während der Saison 1994/95, im März '95, kehrt Mi-

chael Jordan zu den Chicago Bulls zurück und setzt seine Karriere als Basketball-Star fort.

1996 ...

... Erneut führt Michael Jordan die Chicago Bulls zur amerikanischen Basketball-Meisterschaft – zum fünften Mal ist die Mannschaft NBA-Champion.

1998 ...

... Michael Jordan will erneut endgültig Abschied vom professionellen Basketball-Sport nehmen.

Die Bulls auf Video

Im Dezember 1997 wurde in Deutschland eine Video-Kaufkassette veröffentlicht, die den deutschen Fans Gelegenheit gibt, einige besonders spektakuläre Auftritte von Michael Jordan und seiner Mannschaft, den Chicago Bulls, zu bestaunen. *Chicago Bulls – NBA Championship Season 1996/97*: der Siegeszug des Teams zum fünften NBA-Meistertitel innerhalb von sieben Jahren.

»Wir nehmen Sie mit auf die Reise der Bulls durch die Saison«, hieß es im Werbetext zur Video-Veröffentlichung. »Wir zeigen Ihnen die Play-offs und NBA Finals, folgen dem Team mit Kamera und Mikrofon aufs Spielfeld, auf Teamsitzungen und hinter die Kulissen.« Die Werbung verspricht nicht zuviel. Vor allem für Jordan- und Bulls-Fans außerhalb der USA, die sonst fast keine Gelegenheit haben, ihre Idole spielen zu sehen, bietet die Kassette eine gute Möglichkeit, die wichtigsten Gründe der Faszination Basketball mit eigenen Augen zu erleben. Ein rasantes Dribbling, eine schnelle Körpertäuschung, ein gezielter

Paß – und schon hängt einer der Spieler nach perfektem Dunking ein paar Sekundenbruchteile am Korbrand. Dazu die mitreißenden Szenen Sekunden vor Schluß eines entscheidenden Spiels, wenn sich die Mannschaft mit ihrem Coach zum engen Kreis aufstellt, konzentriert den strategischen Anweisungen des Trainers lauscht und danach alle Kräfte darauf konzentriert, das Spiel noch aus dem Feuer zu reißen. Eine sehenswerte Reportage aus der besten Basketball-Liga der Welt.

(*Chicago Bulls – NBA Championship Season 1996/97,* 20th Century Fox, ca. 50 Minuten Laufzeit, rund 30 Mark)

»NBA Grooves«

Ein besonderer Leckerbissen für alle, die eher an den spektakulären Einlagen als am taktischen Konzept von NBA-Spielen interessiert sind. Hier präsentieren die Star-Kommentatoren Tim Hardaway und Mitch Richmond die tollsten Dribblings, die fantastischsten Dunkings und rasante Spielzüge der Stars des amerikanischen Basketballs. Als musikalische Untermalung sind aktuelle Songs zu hören – unter anderem von HipHop-Senkrechtstarter Puff Daddy.

(*NBA Grooves,* 20th Century Fox, ca. 50 Minuten Laufzeit, rund 30 Mark)

Basketball am PC

Wer auf tolle Basketball-Action nicht verzichten, dadurch aber nicht unbedingt selbst ins Schwitzen kommen möchte, kann sich mit diesem Computerspiel behelfen. Alle

NBA-Teams von 1996 sind hier mit einem Fünf-Mann-Kader vertreten. Es spielen in Street-Ball-Manier jeweils Zweier-Teams gegeneinander, die im Multiplayer-Modus von bis zu vier Spielern gesteuert werden können. Damit das Ganze noch ein bißchen authentischer wirkt, haben sich die Programmierer etwas Besonderes einfallen lassen: Alle am Computer gesteuerten Spielzüge werden »live« von Neil Funk kommentiert – der Stadionsprecher der Chicago Bulls gehört zu den Besten seiner Zunft und nahm hierfür einige Kommentare vorher auf, die das Programm dann passend zur Situation abruft.

(*NBA Hangtime,* GT Interactive Software, für Pentium-PC [rund 90 Mark] und Sony Play-Station [rund 100 Mark])

Kleines Basketball-Lexikon

Die Spielregeln

In der NBA (der amerikanischen National Basketball Association) und in der FIBA (das ist der Weltverband des Basketball-Sports) gelten unterschiedliche Regeln. Das sorgt vor allem unter europäischen NBA-Fans gelegentlich für Verwirrung, sobald sie ein Spiel einheimischer Mannschaften sehen.

Einige der wichtigsten Unterschiede:

- Der Weltverband schreibt eine Spieldauer von zwei Halbzeiten à 20 Minuten vor – in der NBA werden vier Viertel zu jeweils zwölf Minuten gespielt.

- Statt der sonst erlaubten vier Fouls pro Spiel dürfen in

der NBA fünf begangen werden, außerdem sind mehr Auszeiten pro Match möglich.

- In der NBA wird ein Angriffszug abgepfiffen, wenn nicht spätestens 24 Sekunden nach der Ballübernahme ein Schuß auf den Korb abgegeben wird – das nennt sich Shot Clock und macht die Spiele der NBA schneller.

- Und schließlich ist im US-Profi-Basketball die Raumdeckung verpönt – angesagt ist statt dessen die Verteidigung durch Mann-gegen-Mann-Duelle, durch direkte Dekkung.

Doch auch ohne diese Unterschiede sind die Regeln des Basketballs kompliziert genug:

- Schrittregel: Der Spieler im Ballbesitz darf nur einen Fußkontakt auf dem Spielfeld haben, bevor er den Ball weitergibt – es sei denn er dribbelt, d. h. er prellt den Ball während des Laufens mit einer Hand auf den Boden.

- Foulregel: Grundsätzlich verboten sind direkte, absichtliche Körperberührungen – aber selbst professionelle Schiedsrichter haben oft Schwierigkeiten, zwischen Absicht und »Versehen« zu unterscheiden.

- Zeitregel: Ein Angreifer darf sich nur drei Sekunden lang im Freiwurfraum aufhalten, sonst wird der gegnerischen Mannschaft ein Einwurf zugesprochen. Außerdem darf ein Spieler vor einem Paß, Dribbling oder Korbwurf den Ball nur maximal fünf Sekunden lang in den Händen halten.

Die Rollen der Spieler im Team

Wie die Einhaltung der strengen Regeln ist auch die strikte Rollenverteilung im Team eher theoretischer Natur. Viel zu schnell wechseln die Aufgaben der Basketballer während eines Spiels, und meistens entscheiden gerade jene Team-Mitglieder ein Match, die in keine der gängigen Kategorien so richtig einzuordnen sind – gerade Michael Jordan ist dafür ein sehr gutes Beispiel: Er warf oft die meisten Punkte seiner Mannschaft, verteidigte am effektivsten und half beim Spielaufbau mit.

Dennoch kann die Aufteilung der einzelnen Positionen für das Verständnis eines Basketball-Spiels helfen – deshalb hier die (wie erwähnt: theoretische) Rollenverteilung im Team.

Der Center

Hauptaufgabe dieses »Mittelmannes« ist die Abwehr gegnerischer Würfe auf den eigenen Korb – deshalb finden sich in dieser Position oft die größten Spieler einer Mannschaft wieder. Inzwischen ist der Center aber längst mehr als ein bloßer Korbwächter: Stars wie Shaquille O'Neal oder Patrick Ewing interpretieren ihre Center-Rolle auffallend offensiv und setzen ihre Körpergröße auch vor dem gegnerischen Korb zum Nutzen ihrer Mannschaft ein.

Der Guard

Für ihn ist die Körpergröße weniger wichtig als eine exzellente Ballführung, explosive Schnelligkeit und ein sicheres Händchen beim Wurf. Im NBA-Basketball wird zwischen zwei Arten von Guards unterschieden: Der Point Guard leitet nach erfolgreicher Abwehr den Gegenangriff ein, er setzt seine Mitspieler in Szene und bleibt selbst meist eher im Hintergrund – der Shooting Guard muß es verstehen, sich auch aus enger Deckung freizudribbeln und schließlich im Alleingang vor dem gegnerischen Korb aufzutauchen und für sein Team zu treffen.

Der Forward

Für die Aufgabe des Forward ist Körpereinsatz gefragt: Diese Spieler stemmen sich dem gegnerischen Angriff entgegen und helfen danach sofort beim Gegenstoß mit. Dabei werden zwei Kategorien unterschieden: Der Small Forward versucht, den gegnerischen Angreifern den Ball am Korb abzuluchsen, danach wird er sozusagen zum dritten Guard und stürmt sofort mit nach vorne – der Power Forward ist heutzutage oft so etwas wie ein zweiter Center, er deckt den eigenen Korb ab und assistiert bei Gegenstößen seiner Mannschaft den Angreifern des eigenen Teams, die er mit genauen und schnellen Pässen in Position zum Korbwurf bringt.

Der Spielverlauf

Block

Im Gegensatz etwa zum Volleyball bezeichnet ein Block im Basketball nicht nur eine Verteidigungstechnik, sondern auch die trickreiche Variante, einen Angriffszug zu unterstützen. Zum einen versteht man unter einem Block natürlich den Versuch, einen auf den eigenen Korb zufliegenden Ball abzuwehren. Zum anderen verstehen viele Basketballer unter dem Begriff auch das Verhalten einiger Spieler, die dem angreifenden Teamkameraden einen Weg zum gegnerischen Korb öffnen wollen. Befindet sich ein Spieler in der Vorwärtsbewegung, stellen sich ihm natürlich schnell gegnerische Spieler entgegen, um möglichst in einer Eins-gegen-Eins-Situation gute Chancen zu haben, dem Angreifer den Ball abzunehmen. Dagegen kann nun ein Block helfen. Dazu stellt sich ein zweiter Spieler der angreifenden Mannschaft dem ballführenden Spieler beinahe in den Weg – und deckt damit eine Seite jenes gegnerischen Spielers ab, der den Angreifer dort bereits erwartet hat. Über die vom Mannschaftskameraden blockierte Seite des Verteidigers kann der ballführende Spieler seinem Gegenüber nun leicht entkommen.

Defense

Hat die gegnerische Mannschaft den Ball, konzentriert sich das andere Team ausschließlich auf die Verteidigung des eigenen Korbs, die sogenannte Defense. Nun wird versucht, den gegnerischen Angriff durch Steals (dabei wird dem ballführenden Spieler der Ball abgeluchst), Blocks (siehe oben) oder Rebounds (dabei wird ein Fehlwurf der Gegner aufgegriffen und der Ball sofort zum schnellen Gegenstoß genutzt) zu beenden.

Offense

Sobald eine Mannschaft in Ballbesitz kommt, nimmt sie im Basketball das Geschehen in die Hand und geht zum Angriff, zur sogenannten Offense, über. Der Gegner geht nun sofort in die Defensive und versucht, die Angriffsbemühungen der anderen Mannschaft möglichst frühzeitig zu stören. Für den Angreifer sind Täuschung, Schnelligkeit und exakte Pässe oder Würfe die größten Trümpfe. Damit sich der Verteidiger nicht schon frühzeitig auf die bevorstehende Aktion des Angreifers einstellen kann, nimmt der ballführende Spieler eine Offense-Grundstellung ein, die ihm alle Möglichkeiten offen und sein Gegenüber im

Unklaren über seine Absichten läßt: leicht gegrätschte Beine, leicht gebeugte Knie und zum gegnerischen Korb hingewandt. Geübte Spieler werfen sich nun natürlich nicht umständlich in Pose – sofort geht es los mit schnellen Dribblings, Pässen zum besser postierten Mitspieler oder Würfen auf den gegnerischen Korb.

Basketball in Deutschland

Auch in Deutschland gewann der Basketball-Sport in den vergangenen Jahren immer mehr Freunde, und die führenden Teams der Bundesrepublik – etwa Alba Berlin oder Bayer Leverkusen – konnten sich mit Siegen in den internationalen Pokalwettbewerben auch im europäischen Ausland einigen Respekt verschaffen. Dennoch sind die europäischen Ligen nicht vergleichbar mit der NBA – leider auch nicht in finanzieller Hinsicht. So erlebte die deutsche Basketball-Bundesliga Mitte Februar 1998 eine traurige Premiere: Beim Amtsgericht Recklinghausen stellten die Ruhr Devils, der Nachfolgeverein des TuS Herten, Konkursantrag und meldeten sich während der Saison vom laufenden Spielbetrieb ab – das war der erste Konkurs einer deutschen Basketball-Bundesliga-Mannschaft.

Obwohl weder ein deutsches noch sonst ein europäisches Team den Vergleich mit den Mannschaften der amerikanischen Super-Liga NBA aufnehmen konnten, gelang es mit dem Ex-Leverkusener Detlef Schrempf immerhin einem deutschen Spieler, sich in der NBA durchzusetzen. Als einer der Stützen der Seattle Supersonics und einer der anerkannt besten Profis in der NBA führte er seine Mannschaft in den vergangenen Jahren immer wieder zu beachtlichen Erfolgen in der amerikanischen Meisterschaftsrunde.

Wer Stars wie Detlef Schrempf, Dennis Rodman, Shaquille O'Neal oder Michael »Air« Jordan nacheifern will, findet in seiner Nähe sicherlich einen Verein, bei dem er sich einmal als Basketball-Spieler versuchen kann. Die meisten Vereine suchen händeringend nach talentiertem Nachwuchs – also: nur keine falsche Scheu! Blättert euch montags oder dienstags durch die Sportseiten eurer Tageszeitung – vor allem in den Ergebnislisten, die an diesen beiden Tagen nach den Spielen vom vergangenen Wochenende abgedruckt werden. Ihr dürftet in eurer Stadt oder im Nachbardorf mit ziemlicher Sicherheit einen geeigneten Club finden.

Abgesehen von Fitneß, einer gewissen Grundschnelligkeit und einem ausgeprägten Ballgefühl muß ein potentieller Basketball-Spieler keine bestimmten körperlichen Eigenschaften mitbringen. Natürlich ist eine gewisse Körpergröße nicht von Nachteil – aber schon mancher quirlige »Zwerg« (unter Profi-Basketballern sind das auch noch Jungs um die 1,80 Meter) hat einen unbeweglichen Lulatsch schwindlig gespielt. Mit einem guten Trainer, der die nötige Geduld mit euch aufbringt und zugleich zu harten Übungseinheiten antreibt, habt ihr die wichtigste Voraussetzung bereits gefunden. Wie weit ihr danach in dieser Sportart kommt, hängt vor allem von eurem Trainingsfleiß, eurem Durchsetzungswillen ab und davon, ob ihr ein Talent für diesen Sport mitbringt und dieses Talent auch entwickeln könnt.